돈의 흐름

돈의 길목을 지키는 부자들의 투자전략 8

돈의 흐름

전인구 지음

THE FLOW OF MONEY

21세기북스

왜 자꾸 돈의 뒤만
따라가는가?

"얼마가 있어야 부자라고 할 수 있는가?" 재테크를 하는 동안 이 질문에 대한 답은 계속 바뀌었습니다. 어릴 적에는 현금 1억 원이 있으면 부자라고 했고, 대학 시절에는 10억 원이 있으면 부자라고 했습니다. 그런데 지금은 10억 원이 있다고 해서 부자라고 하지 않습니다. 주식투자자들은 100억 원이 있어야 슈퍼개미라고 부릅니다. 서울의 주상복합 한 채가 100억 원에 육박하기도 합니다. 얼마를 벌어야 부자가 되고, 더 이상 투자하지 않아도 편하게 살 수 있을까요? 답은 '계속 벌어야 한다'입니다. 그 이유를 알아볼까요?

첫 번째, 물가, 임금, 자산의
상승 속도가 다르다

―――――――――――――――――――→ 물가는 빠르게 상승합

니다. 그러면 실질적으로 소비를 할 수 있는 여력이 부족해집니다.

10만 원으로 장을 봐도 이전보다 구입할 수 있는 품목이 줄어들죠.

상대적 빈곤을 겪게 되는 겁니다. 그래서 임금이 같이 상승해야 합

니다. 물가가 올라도 월급이 더 많이 오르면 상대적으로 소비 여력

이 늘어납니다. 소비가 늘고 장사가 잘되고 경기가 좋아지죠. 이를

호황이라고 부릅니다. 호황이 오면 그동안 사지 못했던 비싼 것들

을 사게 됩니다. 가전제품, 자동차, 주택, 부동산을 매수하면서 자

산 가격도 상승합니다. 그런데 수요가 순간적으로 몰리니 자산 상

승은 꾸준하지 않습니다. 완만하게 상승하다가 급격히 상승하고,

다시 잠시 하락하다가 이내 상승하면서 계속 오르는 모습을 보여

줍니다.

　호황으로 소득이 늘었지만 주택 가격은 더 올라 절망합니다. 불

황이 오면 자산 가격의 상승은 멈추지만 자산을 매입할 여력이 없

어 또 절망합니다. 그래서 소득은 늘지만 물가는 더 빨리 올라 상

대적 빈곤을 느끼고, 자산 가격 특히 주택 가격, 전세 가격은 물가

보다 더 빨리 올라 좌절을 느끼죠. 물가, 임금, 자산 가격 인플레이

션의 규칙을 이해하면 빈곤과 좌절을 막을 수 있습니다. 그래서 인플레이션에 대응하기 위한 방법들과 투자의 관점들을 담았습니다.

두 번째,
남보다 잘 벌어야 부자다

───────────────────────→ 사람은 사회적 동물이기 때문에 남과 비교하면서 불안감 또는 안도감을 느낍니다. 내가 돈을 잃어도 남들도 다 같이 잃으면 편안함을 느낍니다. 반대로 나는 그대로인데 남들이 돈을 벌면 뒤처진다는 두려움에 불안감을 느낍니다. 그래서 제가 내린 부자의 정의는 남보다 혹은 평균보다 잘사는 사람입니다. 내가 아무리 풍족해도 주변보다 더 풍족하지 않으면 부자라고 부르지 않습니다. 내가 10억 원을 모았다고 해도 다른 이들의 재산이 점점 불어나면 10억 원을 가진 사람은 시간이 지나 서민이 됩니다. 결국 자산의 상승 속도를 남들처럼 유지해야 부를 유지할 수 있습니다. 강남의 부자들은 이미 넉넉한 자산을 보유했음에도 자산을 불리는 데 관심이 많습니다. 자산을 더 불리기보다는 자산의 가치가 하락하는 것을 막기 위해서입니다. 그래서 현금만 들고 있는 부자는 거의 없고, 주식이나 부동산, 채권으로

자산을 보유하고 있습니다.

그런데 왜
돈의 뒤만 쫓아가는가?

———————————————→ 대부분의 사람들은 인플레이션을 이기기 위해, 또는 부자가 되기 위해, 노후를 준비하기 위해 열심히 재테크를 합니다. 하지만 과반수가 넘는 이들은 재테크로 돈을 벌지 못합니다. 재테크를 하는데도 돈을 벌지 못하는 이유는 무엇일까요? 돈의 뒤를 쫓기 때문입니다. 선도 세력이 저렴하게 사서 돈을 벌었다고 알려지면 대중들은 그제야 뒤를 쫓습니다. 가격은 이미 오른 상태입니다. 선도 세력은 싸게 사서 비싸게 파는데, 대중은 비싸게 사서 더 비싸게 팔아야 수익을 낼 수 있습니다. 그럼 더 비싸게 사줄 사람은 누구인가요? 더 뒤에 들어온 대중들이 없으면 가격은 더 오르지 않습니다. 가격이 오르는 것을 눈으로 확인한 다음 투자하는 것은 안전해 보이지만 오히려 더 위험한 투자입니다. 하지만 남들이 하는 투자를 같이해야 편안함을 느끼기 때문에 부자가 될 기회가 더 적습니다.

그럼 어떻게
벌어야 하는가?

→ 투자자는 고독해야 합니다. 남들이 관심을 가지지 않는 것에서 돈이 될 만한 것들을 찾아야 합니다. 설령 찾았다 하더라도 많은 고통이 따릅니다.

"이 좋은 것을 남들은 왜 안 살까?"

"나만 잘못 생각하고 있는 것은 아닌가?"

이런 질문과 끊임없이 싸워야 합니다. 설령 투자했다고 하더라도 사람들은 지금 유행하는 것을 사야지 혼자 이상한 것을 샀다고 바보 취급합니다. 대중과 함께하지 못하는 외로움 속에서 가격이 오를 때까지 홀로 견뎌야 하는 투자는 일반인이 하기 어렵습니다. 하지만 그 방법이 가장 좋은 투자법입니다.

남들의 관심을 받지 못하는 것은 가격이 저렴합니다. 아무도 사고 싶어 하지 않기 때문입니다. 그러다 상황이 바뀌고 대중이 관심을 가지기 시작하면 더 이상 저렴하게 살 수 없습니다. 대중의 관심이 늘어날수록 가격은 점점 상승하니까요. 대중의 관심이 절정에 달할 때 적당한 수익을 내고 빠져나와 또다시 관심을 받지 못하는 곳에 투자를 합니다. 이를 몇 번만 반복하면 부자가 될 수 있습니다. 실제로 주식으로 100억 원 이상 불린 슈퍼개미들은 이런 방법으로 부자가 되었고, 부동산, 사업으로 부자가 된 분들도 이 방법을 활용했습니다.

그것을 어떻게
찾을 수 있는가?

—————————————————→ 결국 아직 오르지는 않았지만 앞으로 오를 것을 찾는 눈을 길러야 돈을 벌 수 있습니다. 하지만 아무런 지식 없이 이런 눈을 가질 수는 없습니다. 그런 눈을 가진다 하더라도 100% 성공률을 내지도 못합니다. 배경지식, 발상의 전환, 경험 그리고 운이 따라주어야 합니다. 단기간에 갖출 수 있는 기술이 아닙니다.

예를 들어 유가를 잘 알고 있다고 해도 기업의 특성과 대중의 심리, 국가의 정책과 외교 관계를 이해하지 못하면 어디에 투자해야 가장 확률이 높을지를 알 수 없습니다. 반면 어떤 이들은 뉴스 한 줄, 마트 진열대의 변화, 원자재 가격의 변동을 보면서 투자에 대한 아이디어를 얻기도 합니다. 배경지식 간의 연결 작업을 통해 투자 아이디어를 얻는 연습을 해야 돈이 되는 기회를 잡고 먼저 투자할 수 있습니다.

이것을 두고 돈의 흐름을 읽는다고 표현합니다. 앞으로 돈이 어디로 흘러갈지를 이해하고 먼저 투자해서 돈이 들어오기를 기다리는 투자를 한다면 큰 수익을 낼 수 있습니다. 그래야 판단이 틀렸다 하더라도 손실을 보지 않고 계속 기회를 잡을 수 있습니다. 이것이 워런 버핏이 말하는 잃지 않는 투자입니다. 이러한 과정을 반복해서 10년마다 자산이 5배씩 불어나는 것을 목표로 합니다. 꽤 어려운 일 같지만 연 17% 수익률밖에 되지 않습니다.

　　물론 이보다 돈을 더 잘 버는 방법은 무궁무진합니다. 저의 지식과 경험이 전부가 아닙니다. 다만 제가 해본 방법들을 위주로 책을 썼습니다. 무엇을 사서 편하게 돈을 버는 것을 알려주는 책이 아닌 점은 죄송합니다. 하지만 앞으로 평생 투자를 해나가야 할 사람이라면 무엇을 보고 어떻게 판단해야 하는지, 돈의 흐름을 읽는 눈을 가지는 데 도움이 될 겁니다. 이 책이 여러분의 투자에 도움이 되길 바랍니다.

2021년 6월

전인구 드림

Part 1 | 부자는 알지만 당신은 모르는 금융 지식

1장　당신이 부자가 될 수 있는 크로스 전략

4장 10배 수익을 내는 사람들의 주식투자법

Part 2 | 투자의 성공을 결정하는 인문학

7장　부자들은 지리와 인문학을 공부한다

8장 시간도 돈처럼 관리하라

THE FLOW OF MONEY

PART 1

부자는 알지만
당신은 모르는 금융 지식

1장

당신이 부자가
될 수 있는
크로스 전략

부의 공식 : 속도 × 시간

누구나 부자가 되고 싶어 합니다. 돈 걱정 없이 자유롭게 살고 싶어 하죠. 하지만 누구나 부자가 될 수는 없습니다. 부자가 되는 원리를 모른 채 돈만 쫓고 있기 때문이죠. 돈을 벌고 싶어 하지만 벌자마자 쓰고 싶어 하고 번 돈을 제대로 유지하지도 못합니다. 그러다 보니 돈을 쫓아 다녀도 돈이 항상 부족하고 이 상황을 벗어나고자 더 큰돈, 일확천금을 꿈꿉니다. 하지만 일확천금이 모두에게 갈 수는 없습니다. 희망 고문일 뿐이죠.

부자가 되려면 먼저 부자가 되는 공식을 이해하고 최선을 다해 실천해야 합니다. 그다음에는 운이 필요합니다. 운은 통제할 수 없지만 앞의 것들은 노력할 수 있습니다. 이렇게 여러 번 반복하다 보면 결국 운이 통할 때가 오고 성공의 열쇠를 하나씩 쥐게 되는 겁니다.

가장 기본이 되는 부자 공식은 '속도×시간'입니다. 부자가 되는 방법은 간단합니다. 오랫동안 돈을 벌거나 남보다 빠르게 돈을 버는 것입니다. 보통 직장생활을 20년 정도 합니다. 그 돈으로 50년의 노후를 살펴야 합니다. 그래서 돈이 부족하다고 여기고 노후에 대한 불안감을 느낍니다. 재테크의 목적에는 인간의 두려움이 깔려 있습니다. 부자가 된다는 것은 생존 본능입니다. 죽을 때까지 돈 걱정 안 하고 살 수 있다면 생존 본능을 해결한 셈이죠. 직장생활을 40년 한다고 해봅시다. 40년간 벌어서 30년 노후를 책임지면 됩니다.

노후 기간 ÷ 직장생활 = 노후부담률(%)

20년간 벌어서 50년 노후를 책임지면 노후부담률은 250%가 됩니다. 1년의 직장생활이 2.5년의 노후를 책임져야 하는 것이죠. 40년간 돈을 벌 수 있다면 노후부담률은 75%가 됩니다. 1년의 직

장생활로 9개월의 노후를 책임지면 되는 것입니다. 즉, 길게 일해서 노후 부담을 줄이거나 은퇴 이후에도 지속적으로 현금이 들어오는 시스템을 만들어야 합니다. 이런 경우 모아둔 자산은 크지 않더라도 노후는 안정적으로 보낼 수 있습니다.

연금이 바로 이런 시스템입니다. 젊어서 번 돈을 모아 노후에 매달 생활비를 주는 방식이죠. 하지만 저출산, 평균수명 증가로 인해 연금제도는 깨졌습니다. 젊은 층은 앞으로 나날이 줄어들 것이고 노인은 나날이 늘어날 것입니다. 젊은 층이 여러분의 노후 비용을 댈 수 없는 상태에 이르죠. 결국 미국을 제외한 선진국들부터 연금은 고갈될 것입니다. 자신의 노후를 연금에 의존하면 안 됩니다. 연금은 보조적인 역할이라고 생각해야 합니다.

길게 일할 수 없다면 남들과 같은 시간에 더 많이 버는 방법을 선택해야 합니다. 남들은 한 달에 100만 원을 모을 때 나는 300만 원을 모으면 3배속으로 모을 수 있습니다. 이 속도를 직장생활 내내 유지할 수만 있다면 남들이 20년 동안 20년치 돈을 모을 때 나는 20년 동안 60년치 돈을 모으게 되는 거죠. 노후부담률이 250%에서 83%로 감소합니다. 은퇴 전에 모은 돈들은 현금흐름을 일으킬 수 있습니다. 월세를 받거나 배당을 받으면 돈이 늘어나게 되죠. 노후부담률이 0% 수준으로 감소할 수도 있습니다.

결국 부자의 공식은 남보다 빠르게 돈을 모으거나 남보다 오래 돈을 모으는 것입니다. 빠르고 길게 모은다면 부자가 될 것이고, 빠르게 모아 젊은 시기에 은퇴를 한다면 경제적 자유를 누리게 되는 겁니다. 오래 돈을 모으는 방법을 택한다면 임대업이나 공무원이 적합할 겁니다. 본인의 인생을 길게 생각해봅시다. 그리고 어떤 길을 가기를 원하는지, 어떤 길이 가장 확률이 높을지를 가늠해보고 방향을 결정해야 행복한 부자가 될 수 있습니다.

핵·심·요·약

속도 × 시간 = 부의 크기

(노후 기간) ÷ (직장생활) = 노후부담률(%)

• 부자가 되는 방법 : 돈을 남보다 빠르게 모으거나 길게 모으자.

돈의 속도를 모르면
부자가 될 수 없다 : 회전율

식당이나 카페에 가면 의자가 편한 곳이 있고 불편한 곳이 있습니다. 음악이 느린 곳이 있고 빠른 곳도 있죠. 의자가 불편하고 빠른 음악이 나오는 곳은 고객들이 오래 머물기 부담스러워 식사만 하고 나갑니다. 그럼 빈자리가 바로 생기고 다른 손님이 들어오죠. 점심 2시간 동안 4테이블을 뚝딱 받을 수 있습니다. 총 50개 테이블이 점심시간에 4회전을 하면 200테이블의 메뉴를 판 것과 같습니다. 1테이블에 마진이 2,000원이어도 점심시간에만 40만 원의 마진을 내는 것입니다.

반대로 의자가 편하고 느린 음악이 나오면 사람들은 일어나기가 싫어집니다. 오랫동안 대화를 나누며 편하게 먹죠. 이런 식당은 점심 2시간 동안 1테이블밖에 못 받습니다. 4회전을 통해 40만 원의 마진을 낸 식당과 똑같은 수익을 내려면 테이블당 마진을 2,000원이 아닌 8,000원으로 올려야 합니다. 결국 비싼 메뉴를 팔 수밖에 없죠. 카페는 빵이나 브런치를 팔아 테이블당 결제 금액을 올립니다. 대신 고객이 편하게 쉬다 갈 수 있도록 의자와 테이블을 배치합니다. 즉, 낮은 회전율을 객단가로 버티는 겁니다.

투자도 마찬가지입니다. 높은 수익률이 기대되는 종목은 오래 기다려도 마진이 그만큼 좋습니다. 반면 기대수익률이 높지 않은 종목은 길게 투자하기 어렵고 단기로 투자하게 됩니다. 회전율로 버텨야 하는데 생각처럼 단기간에 상승할지는 알 수 없죠. 이를 투자에 응용하면 기대수익률이 높은 종목들을 분산해서 보유하고, 생각보다 빨리 주가가 상승한 경우 계속 들고 가는 것보다 팔아서 새로 유망한 주식을 늘려나가는 것입니다.

야구단이 선수를 운영하는 것을 보면 투자 포트폴리오에 대한 아이디어를 얻을 수 있습니다. 야구단은 올해 우승하기 위해 능력 있는 선수들로 선발진을 구성합니다. 특히 유망주와 에이스에 집중합니다. 아직 실력을 보여주지는 못하지만 젊은 유망주를 보유하고 있으면 언젠가 에이스로 변신합니다. 이 에이스는 몇 년간 팀을 이끌어가죠. 에이스는 나이가 먹어감에 따라 성장세가 떨어지고 기량이 하락하기 시작합니다. 하지만 다른 팀에서는 아직 탐을 내죠. 에이스의 가치가 남아 있을 때 다른 구단에 팔고 그 돈으로 다시 유망주를 삽니다. 에이스가 나이를 먹었어도 능력이 출중하다면 좀 더 보유하면서 팀의 효율을 끌어올립니다.

포트폴리오를 야구단 운영처럼

—————————→ 야구단 운영에서 아이디어를 얻어 포트폴리오 회전율을 점검해봅시다. 내가 가지고 있는 자산들이 몇 퍼센트 올랐다는 사실도 중요하지만 연간수익률로 환산해보는 것이 중요합니다. 10년간 400% 올랐다고 하면 대단해 보이지만 실제로는 연 15% 복리수익을 낸 것입니다. 자산 목록들을 적은 후 연간수익률이 몇 퍼센트인지 계산해보고 부진한 자산은 앞으로 전망이 어떤지 재점검을 해야 합니다. 그 후에 매각할지 계속 보유할지 선택해야죠. 유망주라고 해도 계속 오르지 않으면 그만큼 효율을 깎아먹는 겁니다.

한때 높은 수익을 낸 주식이라고 하더라도 앞으로 성장이 더디면 과거의 영광을 잊고 과감히 매각하는 것이 좋습니다. 미래가 없는 주식을 들고 있으면 얻을 것이 없지만 현금으로 들고 있으면 앞으로 올 기회를 잡을 수 있습니다. 효율이 나쁜 자산을 팔고 앞으로 기대되는 자산을 매입하면서 포트폴리오를 젊게 유지해야 합니다. 그래야 계속 미래 수익을 기대할 수 있습니다.

핵·심·요·약

투자수익률이 중요한 것이 아니다.

연간수익률로 포트폴리오를 점검해보자.

1. 연간수익률이 높다면? → 앞으로도 오를 수 있는가?

  → 매수/매도 결정

2. 연간수익률이 낮다면? → 더 기다려야 하는가?

  → 매수/매도 결정

가난에서 벗어나 부자가 될 수 있는 방법

평범한 사람이 부자가 되기 위해서는 엄청난 노력이 필요하고, 가난한 사람이 부자가 되기 위해서는 기적적인 일들이 일어나야 합니다. 기적이 일어날 정도로 최선을 다하는 수밖에 없겠죠. 하지만 기적을 일궈내면 주변 사람들은 그 사람을 동경하고 존경합니다. 다른 이에게 희망을 주는 것이죠.

대표적인 인물이 여자 아이돌 그룹 블랙핑크의 리사입니다. 태국 출신으로 한국에 와서 아이돌 한류 스타가 된 스토리는 어디선가 들어봤을 법하겠지만 실상을 들여다보면 정말 대단합니다. 태국에서 연예인은 아무나 할 수 없습니다. 상류층으로 불리는 계급들의 전유물이죠. 보통 방콕에 상류층들이 모여 삽니다. 리사가 자란 '이싼' 지방은 가난한 지역입니다. 리사 또한 상류층이 아니죠. 한마디로 태국에서 연예인을 할 수 없는 신분입니다. 그런데 태국을 건너뛰고 한국으로 들어와서 오디션을 보고 연예인이 되었습니다. 그것도 글로벌 연예인으로 성장했죠. 그럼 다시 태국으로 돌아갔을 때 리사는 어떤 존재가 되어 있을까요? 태국 연예인들보다 훨씬 더 많은 인기를 얻게 됩니다.

한국에서 볼 수 있는 케이스로는 국내 프로야구를 거치지 않고 바로 미국에 건너가서 최정상급 투수가 된 박찬호 선수가 있습니다. 이 둘의 공통점은 1단계를 거치지 않고 한 번에 2단계로 가서 성공을 거뒀다는 겁니다. 평범한 사람이 부자가 되려면 계단을 하나씩 밟고 올라가도 되지만, 가난한 사람이 부자가 되려면 1단계씩 밟는 데도 많은 시간이 걸립니다. 따라서 금전적인 손해가 없고 될 것 같다 싶으면 과감히 2단계로 도전해보는 것도 좋은 선택입니다.

그럼 2단계에 도전하기 위해 어떤 전략을 펼쳐야 할까요? 성공한 유튜버들 속에서 답을 찾을 수 있습니다. 유튜버들은 일반인입니다. TV에 나오는 연예인, 방송인들만큼 학력, 경력, 경험이 화려하지는 못합니다. 하지만 최근 유튜버들은 연예인들보다 더 높은 인기를 얻고 있습니다. 유튜버들의 이야기가 메인 뉴스에 나오기도 합니다. 그럼 이들은 어떻게 성공했을까요? 자신의 장점들을 모두 활용해서 한 화면에 보여줍니다. 내가 가진 재주가 3가지밖에 없다고 하면 그 3가지를 조합한 콘텐츠를 만들어 가장 강력한 경쟁력을 만듭니다. 50가지 장점이 있는 연예인이라고 하더라도 자신의 장점을 제대로 활용할 콘텐츠를 만나지 못하면 경쟁력이 떨어집니다. 유튜버는 자신들이 프로그램을 기획하기 때문에 경쟁력을 유지할 수 있는 것이죠.

나의 장점을
모두 활용하기

───────────────────────────→ 투자에서 성공하려면 자신의 장점을 모두 활용할 수 있는 분야를 택해야 합니다. 부동산에서 자신의 재능을 최대한 발휘할 수도 있고, 주식에서 지식 활용을 극대화할 수도 있습니다. 건설 관련업을 20년 넘게 한 사람이라면 건설주 투자에서 남보다 훨씬 유리한 위치에 있습니다. 남보다 유리한 조건을 갖추고 있으면 투자에서 성공할 확률이 더 높고 실패할 확률은 더 낮습니다.

그 대신 다른 전략은 버리는 것입니다. 자동차는 신차일수록 연비가 좋아집니다. 더 효율적인 엔진을 만들기도 하지만 차의 무게를 계속 줄여나가기 때문입니다. 철이 들어가는 부품을 최대한 강화 플라스틱을 사용해서 무게를 줄이고 연비를 늘려가죠. 우주선은 더합니다. 로켓을 쏘아 올려 대기권을 벗어나려면 엄청난 힘이 필요하죠. 그래서 1단 로켓을 사용하고 나면 버립니다. 그러면 가벼워지겠죠? 다음에는 2단 로켓을 사용하고 버립니다. 계속 추진력을 얻기 위해 불필요한 고철들을 버려나갑니다.

우리의 전략도 마찬가지입니다. 효율을 얻기 위해서는 무언가를 버려야 합니다. 비효율로 인해 잡아먹고 있는 시간, 능률, 대인관계들을 정리해야 합니다. 그렇게 해서 남는 시간과 에너지로 효율을 올릴 수 있는 것들을 채워 넣어야 합니다. 이렇게 효율을 올려서 남들은 10%씩 성장할 때 나는 30%씩 성장하면 되는 겁니다.

그럼 효율을 어떻게 얻으면 될까요? 생각을 집중합시다. 그냥 스쳐 지나갈 수 있는 모든 것들을 기억하려고 노력하고 배우려고 합시다. 그리고 그것들을 어떻게 하면 활용할 수 있을지 생각을 전환하는 겁니다.

식당이나 카페에 가서 그저 장소와 맛을 즐기는 것보다 아이템이나 공간 구성, 메뉴판, 직원 수, 테이블 수와 간격, 단가와 회전율 등을 생각해볼 수 있습니다. 이런 습관이 10년 정도 누적되면 어떻게 될까요? 나중에 창업을 할 때 실패할 확률을 꽤 낮출 수 있습니다.

주식투자를 했다가 실패하면 그냥 잊고 살면 될까요? 왜 실패했는지 배워야 합니다. 반성을 통해 문제점을 파악하고 다음에 실수하지 않도록 배울 수 있다면 실패한 금액이 오히려 수업료가 될 수 있습니다. 반성하지 않는다면 다음에 또 실수를 할 가능성이 높아지겠죠.

당장은 이런 것들이 효과를 보지 못합니다. 하지만 누적될수록 남들과 격차를 벌리는 가장 큰 경쟁력이 됩니다. 사고의 흐름은 단기간에 완성되지 않고, 데이터도 단기간에 축적될 수가 없습니다. 이렇게 쌓인 생각법과 데이터는 앞으로 여러분이 순간적으로 판단해야 하는 돈 감각을 길러줍니다.

핵·심·요·약

- 1단계를 통과하지 못했다고 슬퍼하지 말자.
  → 2단계를 해결하면 1단계도 해결된다.
- 경쟁력을 가지려면 장점을 모두 활용할 분야에 도전하라.
- 효율을 올리기 위해 불필요한 것들을 계속 버리고, 효율을 위한 것들로 채워라.
- 경험하는 모든 것들을 배워서 써먹으려고 노력하라.

부의 속도를 높여주는
크로스 전략

주식투자자는 주식으로 모든 재테크를 해결하려 하고, 부동산투자자는 부동산으로 모든 재테크를 해결하려고 합니다. 그래서 재테크의 효율이 많이 떨어집니다. 주식 경기가 좋은 시기에는 주식투자를 해야 성공 확률이 높고, 부동산 경기가 좋은 시기에는 부동산 투자를 하는 것이 효율적입니다. 확률이 낮은 상황에서 자신의 능력을 믿고 투자하는 것은 돈을 잃을 가능성을 높이는 행동입니다.

그래서 영리한 투자자들은 돈의 흐름에 따라 재테크를 순환합니다. 부동산을 하다가 주식이 떠오르면 주식으로 돈을 이동하고,

다시 새로운 투자로 돈을 이동시키죠. 이를 스마트 머니라고 합니다. 예전에는 강남 부자들이라고 불렀죠. 전문가의 자문을 받는 개인들로, 소규모 집단을 이루며 대중들보다 빠르게 움직이는 특징이 있습니다.

이들의 전략은 부자가 되는 기본적인 원리를 충실히 지키는 것입니다. 첫째, 먼저 움직일 것. 뒤늦게 움직이면 먹을 것이 없습니다. 선도 세력이 가장 많은 이익을 낼 수 있습니다. 둘째, 수익이 날 때까지 기다릴 것. 이들의 투자 방법은 단기투자가 아닙니다. 수익이 나올 때까지 몇 년은 거뜬히 기다립니다. 그랬을 때 수익률이 좋다는 것을 경험했기 때문입니다. 셋째, 충분히 수익을 냈으면 다음 투자로 넘어갈 것. 식당에서 음식을 마음껏 먹고 나면 마지막에는 계산서가 나옵니다. 적당히 먹고 나가면 남아 있는 사람들이 계산서를 지불합니다. 뒷북 투자를 하는 사람들은 돈을 제대로 벌지 못하고 잃게 됩니다.

부동산 전략을
주식투자에 적용한다면?

⎯⎯⎯⎯⎯⎯⎯⎯⎯⎯⎯⎯⎯⎯⎯→ 마지막은 크로스 전략을 쓴다는 점입니다. 부동산 투자를 할 때는 주식에서 배운 전

략을 활용하고, 주식투자를 할 때는 부동산에서 배운 이치를 적용한다는 것이죠. 그러면서 기존 영역에는 없는 전술을 활용합니다. 예를 들어 주식에 부동산 전략을 투입해봅시다. 도시계획이 나오고 땅을 고르고 다집니다. 도로를 깔고 통신과 전기를 설치합니다. 주택용지, 상업용지, 학교용지 등 구획을 나누고 각각의 자리에 건축을 합니다. 2년 정도 지나 입주가 시작되었지만 상가는 드문드문 있어 생활이 불편합니다. 그 와중에도 사람들은 계속 입주를 합니다. 사람들이 늘자 가게가 빠른 속도로 늘어납니다. 학교에 학생들이 넘쳐 교실이 부족한 사태가 벌어지고 아파트에는 빈 집이 없습니다. 상가도 빼곡히 들어찹니다. 그사이 토지와 건축물 가치, 임대료가 크게 증가합니다. 몇 년 만에 도시가 완성되는 것이죠.

주식투자도 이와 같은 이치입니다. 기업이 투자계획을 발표하고 돈을 마련해서 투자를 시작합니다. 몇 년간은 이익을 계속 설비에 투자해 소모시킵니다. 설비가 완성되고 생산 테스트를 합니다. 그동안 완성될 제품을 팔 거래처를 찾습니다. 처음에는 거래처가 거의 없다가 생산이 시작되면서 점차 늘어나고 이후에는 생산된 제품이 모두 판매됩니다. 신규 생산 라인에서 나온 매출과 이익이 기존 매출에 더해지면서 회사의 규모가 커집니다. 이 과정에서 주가가 상승합니다. 그런데 부동산은 몇 년 기다리는 것이 당연하다고 생각하면서도 주가는 한 달 안에 상승하기를 바랍니다. 기업의 실적은 변화가 없는데도 말이죠. 투자가 생산으로 이어지고 실적을 올릴 때까지 시간을 주면 잃지 않는 투자가 가능합니다. 그런데 우리는 초조함으로 견디지 못하는 것이죠.

주식의 개념들을 부동산에 적용할 수도 있습니다. 예를 들어 1등주와 2등주의 차이, 경제적 해자가 있는 부동산, 배당주와 비슷한 개념인 임대투자, 거래량, 투자기법 등을 활용해서 부동산 투자를 더 효과적으로 할 수 있죠.

어떤 분은 본인이 장사를 했던 경험을 살려서 주식을 분석했습니다. 어차피 기업도 큰 가게라고 볼 수 있고 돈을 얼마나 잘 버는지, 앞으로도 잘 벌지를 자신의 경험을 살려 분석하더니 과감하게 투자를 했습니다. 결과는 어떻게 되었을까요? 몇 번의 성공을 거쳐 수백억대 부자가 되었습니다. 학력도 낮고 가진 것도 없던 그가 장사 경험을 살려 주식 부자가 된 것은 자신의 경험을 주식투자에 적용할 수 있었기 때문입니다.

이런 크로스 전략은 투자가 아닌 다른 곳에서도 많이 활용됩니다. 최근에는 콜라보라고도 부르죠. 구찌 가방에 디즈니 마크가 들어가기도 하고, 곰표 맥주, 천마표 팝콘 등 새로운 형태의 콜라보는 고객들에게 신선함을 주고 매출 증대를 가져다줍니다. 하지만 지속될 수 있는 아이템은 아니기 때문에 지속 가능한 강력한 제품과 서비스를 가지고 있어야 합니다. 그러지 않으면 복고 열풍처럼 잠시 유행하다 사라지게 됩니다.

> ## 핵·심·요·약
>
> - 주식, 부동산 대세 상승기에 투자해서 재테크 효율 올리기
>   → 단, 먼저 움직일 것. 수익이 날 때까지 기다릴 것, 수익이
>   나면 다음 투자로 또 먼저 움직일 것
> - 주식투자의 전략을 부동산에 적용하기
> - 부동산 투자 전략을 주식투자에 적용하기

주식투자에 성공하는 단 1가지 원칙

마라톤에서 우승하는 방법은 선두권을 유지하면서 달리다가 후반부에 스퍼트를 내서 경쟁자를 따돌리고 격차를 두며 골인하는 것입니다. 선두권이 아닌 2등 그룹에서 우승자가 나오기는 쉽지 않습니다. 상대도 상당히 빨리 달리고 있기 때문에 무리하게 따라잡으려다 페이스를 잃을 수가 있기 때문입니다.

마라톤에서 우승을 하려면 아무리 힘들어도 선두와 같이 뛰어야 합니다. 그래야 선두가 흔들릴 때 조금만 속도를 내면 쉽게 선두를 제칠 수 있습니다. 기업도 마찬가지로 선두를 따라잡기 위해 엄청난 노력을 합니다. 선두와 기술 격차가 크면 많은 돈을 들여도 따라잡기 어려워집니다. 반도체 분야가 특히 그렇습니다. 선두 업체는 기술 격차를 벌린 뒤 신제품을 대량으로 양산해서 팔고 투자금을 회수합니다. 그 돈으로 다시 기술 개발을 하고 양산을 하며 지속적인 수익을 만들어갑니다. 그런데 후발 업체는 기술을 따라잡느라 막대한 돈을 투자하고 양산할 시점에는 이미 구형 제품이라 제값을 받을 수가 없습니다. 투자금을 회수하지 못한 상태로 또다시 기술 개발에 투자해야 하죠. 이렇게 몇 번 반복하면 돈이 말라 파산하게 됩니다.

브랜드 선호도 1등 기업은 2등 기업보다 더 높은 값을 받을 수 있습니다. 경쟁사 제품보다 값이 비싸도 고객들이 사줄 때 브랜드 가치가 생깁니다. 예를 들어 스타벅스 커피가 5,000원이고 경쟁사의 커피가 4,500원인데도 사람들이 더 싼 카페로 가지 않는다면 스타벅스의 브랜드 가치는 500원 × 판매량입니다. 명품 가방과 일반 가방의 원가 차이는 크지 않지만 가격 차이는 10배 이상 나기도 합니다. 브랜드라는 장벽은 2등 기업에게 기술 장벽보다 더 넘기 힘든 것입니다.

규모가 큰 1등 업체는 대량생산을 하기 때문에 원자재를 더 저렴하게 사서 많은 이익을 남길 수 있습니다. 2등 업체는 1등 업체보다 규모가 작기에 원자재를 좀 더 비싸게 사와야 하고 그만큼 이익이 적을 수밖에 없습니다. 이럴 때 1등 업체가 2등 업체를 죽이기 위해 가격 인하 경쟁을 벌인다면 어떻게 될까요? 2등 업체는 적자를 지속하다가 파산할 수 있습니다.

1등 기업에 투자하는 것이 답일까?

─────────────────────────────→ 그럼 생각을 해봅시다. 1등 기업에 투자하는 것이 유리할까요, 2등 기업에 투자하는 것이 유리할까요? 당연히 1등 기업이 유리합니다. 그래서 투자자들이 몰리죠. 그럼 1등 기업의 주가는 원래 가치보다 좀 더 비싸게 형성됩니다. 프리미엄이 붙는 것이죠.

돈 감각을 느끼는 투자자라면 여기서 아이디어를 뽑아내야 합니다. 2등은 프리미엄이 없죠. 그런데 2등 기업이 기술력, 브랜드, 규모에서 앞선 1등을 제치면 어떤 일이 벌어질까요? 프리미엄이 발생합니다. 큰 주가 상승을 기대할 수 있는 것이죠.

그럼 우리는 2등 기업이지만 1등 기업을 따라잡을 것 같은 기업에 투자해야 합니다. 그 시점이 얼마 남지 않은 기업은 이미 프리미엄이 붙어 있습니다. 그러니 '에이, 설마 따라잡겠어?' 하는 기업에 투자해야 합니다. 2등이지만 1등을 이길 것 같은 기세를 보이는 기업을 찾아봅시다.

삼성전자도 반도체, 가전, 스마트폰 분야에서 1등을 제치고 세계 1위를 차지했습니다. 주가도 엄청난 상승을 했죠. 국내에서 화장품 1위인 아모레퍼시픽과 2위인 LG생활건강은 시간이 지날수록 격차가 줄어들다 2021년에는 우열을 가릴 수 없는 수준까지 갔습니다. 주가도 2위였던 LG생활건강이 더 많이 오르고, 1위였던 아모레퍼시픽은 가라앉는 모습입니다. 자동차용 축전지를 판매하는 1위 기업 세방전지와 2위 한국아트라스비엑스도 처음에는 격차가 컸지만 빠른 성장 속도로 한국아트라스비엑스가 앞서 나가면서 주가가 뒤집어집니다.

: 화장품 업계   : 자동차 축전지 업계

주식투자에서는 1위 기업에 투자했다고 마냥 안심할 수 없습니다. 2등이 따라올 수 없는 압도적인 우위를 지속적으로 보여줘야 프리미엄을 계속 유지할 수 있습니다. 반대로 경쟁력이 있는 2등이라면 투자해볼 만합니다.

> ### 핵 · 심 · 요 · 약
>
> - 1등 기업이 가진 장벽 : 기술, 브랜드, 규모
> - 1등 기업 주가 : 프리미엄 존재
> - 2등 기업이 1등 기업을 넘어서면? → 큰 주가 상승

빠름의 포드 자동차, 느림의 에르메스

　우리는 구찌, 루이비통을 명품이라고 부르지만 이보다 더 비싼 브랜드가 에르메스입니다. 에밀 모리스가 선대의 사업을 물려받은 당시는 제1차 세계대전이 벌어지던 시기로 에르메스는 프랑스 기병대에 안장을 공급하고 있었습니다. 에밀 모리스는 미국에 갔을 때 포드 자동차 회사를 방문합니다. 컨베이어벨트 시스템을 도입해 공장에서 분업이 이루어졌고, 자동차가 빠른 속도로 생산되는 모습을 봤죠. 인건비 대비 더 많은 자동차를 만들 수 있으니 저렴한 가격에 자동차를 팔아도 이익이 나는 것이죠.

　이 광경을 본 에밀 모리스는 이런 생각을 합니다. "마차는 사라지겠구나." 새로 생긴 미국이라는 나라는 도로가 일직선으로 조성돼 자동차가 달리기에 최적의 환경을 갖추고 있었죠. 역사가 오래된 유럽은 로마시대 때 만들어진 길이 아직 그대로 있을 정도로 길이 구불구불해서 자동차가 속도를 낼 수 없었습니다. 당시 유럽에서는 자동차가 마차를 앞서 나갈 수 없도록 규제를 해서 속도를 내지 못했습니다.

여기서 에밀 모리스는 어떤 판단을 내렸을까요? 한 단계 앞선 생각을 합니다. 자동차가 발달하면 더 먼 거리로 여행을 갈 것이고 여행 소품의 수요도 늘어날 것이라고 말이죠. 그는 지퍼의 특허권을 사와서 지퍼 달린 가방을 제작합니다. 가방을 지퍼로 잠그면 자동차가 흔들려도 가방 속에 들어 있는 물건이 쏟아지지 않죠. 세계 최초로 지퍼가 달린 가방 이름은 자동차가 연상되는 '부가티'입니다.

빠름의 미국과
느림의 유럽

───────────────────→ 에르메스의 사업 전략은 '느리게'입니다. 다른 명품들은 전 세계에 공장을 짓고 최대한 많이 양산해서 더 많은 매출을 올리려고 합니다. 그런데 에르메스는 그 반대죠. 유럽에서만 생산하고 장인들이 한땀 한땀 정성

을 기울여 만듭니다. 그래서 에르메스 가방은 가격이 비싼 것은 둘째 치고 주문하고 1년을 기다려야 하는 제품들도 있습니다. 느림의 미학을 가지고 있지만 브랜드 가치는 굳건하고 주가도 계속 상승하고 있습니다.

사람들은 왜 에르메스를 선호하는 것일까요? 주문 후 기다려야 하는 희소성 때문에 비싼 것일까요? 미국과 유럽의 문화 차이도 있습니다. 미국에는 명품 브랜드가 없습니다. 유럽에 있죠. 유럽 왕실에 납품하던 장인들이 만든 가게들이 명품 브랜드가 되었습니다. 유럽의 정통성을 상징하죠. 유럽 사람들은 자유로운 미국의 문화를 격이 떨어진다고 낮춰 봅니다. 자동차로 대변되는 미국의 문화는 빠른 속도와 효율을 상징합니다. 권력이 미국으로 이동했지만 한때 세계를 지배했던 유럽은 자존심을 굽히고 싶지 않습니다. 마차로 대변되는 유럽은 미국과 반대로 느림의 문화를 지켜갑니다. 속도를 떠나 정통성을 지닌 제품이 유럽다운 것이라고 생각하죠. 상업성이 짙은 다른 명품들과 달리 에르메스가 유럽의 정신을 대표한다고 생각하는 것입니다. 그래서 비싼 가격에도 해외 유명인들이 에르메스를 갖기 위해 혈안이 된 것이죠.

미국은 포드로 대변되듯이 빠르고 값싼 것을 추구합니다. 미국 하면 떠오르는 브랜드들 중에 패스트푸드 음식이 많죠. 음식은 그 나라의 문화를 대변합니다. 공장 노동자가 많았던 지역일수록 빠르게 끼니를 때울 수 있는 간단한 음식을 주로 만들어 먹습니다. 산업혁명이 일어난 영국도 그렇죠. 하지만 유럽 대륙은 다릅니다. 코스 요리로 나오는 슬로푸드가 대표적이죠. 느리지만 우아하게 먹는 코스 요리는 미국의 값싸고 빨리 먹을 수 있는 패스트푸드와 대조를 이룹니다.

여기서 얻을 수 있는 아이디어는 속도를 권하는 사회에 살고 있는 사람들은 바쁨 속에서 여유를 찾고 싶어 한다는 것입니다. 빨리빨리 문화가 심한 한국은 왜 도심 속에 카페가 많이 있을까요? 사람과 사람이 만날 장소가 딱히 없기 때문이기도 하지만 직장에서 지친 사람들이 카페에서 커피 한잔을 하며 여유 있게 머리를 식히려고 합니다. 그래서 스타벅스는 직장인 밀집 지역에 더 많이 입점해 있습니다. 스타벅스는 직장인들이 더 효율적이고 바빠질수록 사업이 번창하고 주가도 꾸준히 올라갑니다.

결국 카페는 공간을 파는 곳입니다. 맥도날드에서 커피를 마신다고 여유로움을 찾지 못합니다. 도심지일수록 직장인들은 휴식을 원합니다. 도심에서 직장인들이 쉴 수 있는 공간을 판다면 그 사업은 경쟁력이 있을 겁니다.

주린이를 위한
진짜 우량주 찾는 법

• • •

돈이 잘 도는 기업은 망하지 않습니다. 흑자 사업을 해도 돈이 돌지 않으면 기업은 망합니다. 받을 돈을 잘 받고 줄 돈을 잘 주면 경제가 원활하게 돌아간다는 뜻이죠. 그럼 이 신호를 어떻게 알 수 있을까요? 매출채권회전율을 통해 알 수 있습니다.

기업의 재무제표를 보면 1년간 물건을 판 매출액을 구할 수 있습니다. 기업이 아직 현금으로 받지는 못했지만 앞으로 받아야 할 외상이 매출채권입니다.

매출액 ÷ 매출채권 = 매출채권회전율(회)

예를 들어 매출 100억 원인 기업이 보유한 매출채권이 10억 원이라면 이 기업은 매출채권이 1년간 10번 회전하는 겁니다. 매출

은 100억 원인데 매출채권이 200억 원이라면 이 기업은 매출채권이 2년에 1번 회전하는 셈입니다. 물건을 팔아도 현금이 너무 늦게 들어오니 부도가 날 가능성이 높다고 볼 수 있습니다. 현금이 필요한데 외상대금이 안 들어오면 매출채권을 담보로 이자가 비싼 사채를 빌려야 할 수도 있습니다. 불필요한 빚이 생겨 회사의 이익을 깎아먹는 것이죠. 아니면 받아야 할 돈을 받지 못하는 악성채권일 가능성도 있습니다. 외상금을 받지 못하면 결국 손실로 처리해야 합니다. 회사의 이익이 그만큼 사라지는 것이죠.

기업의 현금이 며칠마다 돌아오는지를 알고 싶다면 365일에서 매출채권회전율을 나누면 됩니다. 매출채권회전 일수가 짧을수록 돈이 빠르게 회전한다는 뜻입니다.

365일 ÷ 매출채권회전율(회) = 매출채권회전 일수

현금 회전이 빠른 업종이 편의점입니다. 국내 편의점 기업 BGF리테일은 5.7일로 6일도 되지 않아 현금 회전이 된다는 것을 알 수 있습니다. 대우건설은 116일로 현금이 들어오는 데 꽤 시간이 걸립니다. 먹거리 회사는 현금 회전이 좋은 편이고, 건설과 조선업은 현

금 회전이 느린 편입니다. 그래서 경기가 나빠지면 건설과 조선업에서 부도 위기에 빠지는 기업들이 나옵니다.

현금 회전 일수가 짧은 기업의 장점 중 하나가 사업 운영에 필요한 돈이 적게 들어간다는 것입니다. 한번 나간 돈이 5.7일마다 들어오므로 일주일 동안 사업을 유지할 현금만 있으면 나머지 현금을 다른 곳에 투자해도 된다는 것이죠. 대우건설은 116일 동안 현금이 들어오지 않으므로 회사를 유지하기 위해 많은 현금을 보유하고 있어야 합니다.

이것을 투자에 적용해봅시다. 기업의 매출채권회전 일수가 길다면 투자에 주의하는 것이 좋습니다. 경기가 좋을 때는 돈을 떼일 일이 적겠지만 경기가 나빠지면 현금흐름에 문제가 생겨 기업이 흑자도산할 수도 있습니다.

같은 업종의 기업들과 비교해보면 경쟁사 대비 해당 기업의 현금 회전이 얼마나 늦는지를 알 수 있습니다. 유달리 현금흐름이 느리다면 악성채권의 소지가 있으므로 투자에 주의하는 것이 좋습니다.

떠오르는 재테크 트렌드,
라이브커머스

• • •

2020년 주식시장이 뜨거웠던 이유는 마땅히 재테크할 곳이 없었기 때문입니다. 부동산은 가격이 너무 오르고 대출규제가 심해 수억 원의 현금이 있어야 투자할 수 있었습니다. 부동산 투자가 대중성이 사라졌다는 것을 의미합니다. 돈 좀 있는 중산층의 전유물이 된 것이죠. 대한민국 대부분의 사람들은 현금을 수억 원씩 갖고 있지 못합니다. 보통 1억 원 이하의 현금을 보유하고, 그 정도 선의 투자처를 찾고 있죠. 그런 이유로 2021년이 되자 적은 돈으로도 할 수 있는 비트코인이 인기를 끕니다. 이제 다음 재테크는 어떤 것이 유행할까요?

가장 대중적인 재테크 분야는 주식, 아파트, 경매, 창업입니다. 주식의 인기가 하락하면 이제 갈 곳은 창업밖에 없죠. 하지만 문제가 있습니다. 코로나로 인해 창업에 쉽게 도전하기 어렵습니다. 코로나가 완전히 끝나고 1년 정도 지나면 어느 정도 회복할 수 있을 겁니다. 하지만 그동안 오른 부동산 가격 때문에 임대료가 저렴하지 않고, 인건비도 만만치 않습니다. 조리하고 배달만 하는 형태의 가게들이 많이 등장하지 않을까 생각합니다.

오프라인 창업보다는 온라인 창업이 크게 유행할 것이라고 예상합니다. 그 이유 중 하나가 온라인 창업은 점포가 필요하지 않기 때문에 임대료가 들지도 않고 직원을 뽑지 않아도 되기 때문입니다. 자본과 비용이 거의 들지 않으니 아이디어만 있으면 누구나 도전할 수 있습니다. 이 점이 대중성을 불러들입니다. 누구나 쉽게 시도할 수 있고 실패해도 비용 손실이 크지 않다 보니 도전하려는 사람들이 늘어날 겁니다.

그중에서도 라이브커머스가 크게 유행할 것입니다. 일반적인 온라인 쇼핑은 고객을 끌어들이기가 어렵습니다. 홍보 수단의 한계가 있기 때문이죠. 최근 인플루언서들이 물건 판매를 시도하고 있는데 반응이 좋고 매출도 상상 이상입니다. 그래서 온라인 쇼핑몰과 인플루언서가 결합된 라이브커머스가 앞으로 시장을 차지할 것으로 봅니다. 어차피 먹을 것, 입을 것이라면 내가 좋아하는 사람이 파는 물건을 사겠다는 심리가 있어 좋은 물건을 잘 마케팅하면 누구나 신데렐라가 될 수 있는 것이죠. 스마트폰 하나와 제품만 있다면 어디서든 물건을 팔 수 있습니다. 재테크 유행에 가장 필요한 대중성을 모두 갖추고 있는 셈입니다.

라이브커머스를 직접 하지 않아도 돈을 버는 방법

⎯⎯⎯⎯⎯⎯⎯⎯⎯⎯⎯→ 유통 플랫폼들도 라이브커머스를 집중적으로 키우고 있습니다. 네이버, 카카오, 쿠팡, 배달의민족, 아프리카TV 등 플랫폼을 가지고 있다면 라이브커머스를 당연히 할 정도입니다. 이렇게 대중화되면 우리는 라이브커머스를 하지 않아도 투자를 통해 수익을 얻는 방법이 생깁니다. 하나는 무인 스튜디오가 유행할 것입니다. 라이브커머스 초창기에는 스마트폰으로도 하지만 이제 경쟁이 치열해지면 배경이 예쁜 곳에서 찍는 일이 잦아집니다. 여기에 라이브커머스를 할 수 있는 프롬프터, 조명, 방음시설, 삼각대를 갖춘 곳은 더 인기가 많아지겠죠. 앱이나 네이버 예약으로도 진행할 수 있습니다.

라이브커머스를 통해 알 수 있듯이 온라인 쇼핑의 수요가 늘고 있습니다. 온라인 쇼핑을 하면 온라인 결제를 해야 하고 카드사와 쇼핑몰을 연결해주는 온라인 밴(VAN)사, PG(Payment Gateway)사가 인기를 얻을 것입니다. 반면 오프라인 밴사는 코로나로 인해 급격한 실적 감소를 보이고 있습니다. 온라인 배송 관련 회사도 수혜를 얻게 됩니다. 온라인 쇼핑은 결국 택배로 물건을 발송하므로 택배 회사 매출과 수익이 증가할 수밖에 없습니다. 택배는 박스 포장을 기본으로 합니다. 골판지를 만드는 회사와 식품류에 사용하는 백판지 회사가 인기를 얻을 것입니다. 플랫폼 형태로 보면 라이브커머스와 쇼핑에서 가장 우위를 차지하고 있는 네이버, 다크호스 쿠팡, 메신저 플랫폼인 카카오가 3강 체제를 이룰 것으로 보이고, 이 중에서 온라인 쇼핑 비중이 높은 기업이 라이브커머스 성장 수혜를 가장 많이 볼 수 있습니다.

$

2장

◇ ◇ ◇

금리를 보고
투자의 방향을
정하라

금리를 알면
경제 흐름이 보인다

금리는 경제에서 엄청난 비중을 차지합니다. 금리만 이해해도 경제의 50% 이상은 이해했다고 볼 수 있죠. 세상을 살다 보면 여러 이유에서 경기 호황과 불황이 반복되는 것을 느낄 수 있습니다. 모두가 돈을 잘 벌 때는 돈을 펑펑 쓰고 모두가 어려울 때는 많은 이들이 직장을 잃고 사업이 망하고 투자로 돈을 잃어요. 여러분의 자녀도 설날에 세뱃돈을 받으면 그동안 사지 못했던 비싼 물건을 사려 하고 부모님이 주는 용돈은 적다고 느낍니다. 반대로 부모님의 사업이 어려워져서 용돈을 주지 못하거나 대학을 보내주지 못하면 자녀는 가난과 불행을 느끼죠. 그래서 부모는 자녀의 돈을 적절하게 유지해주려고 노력합니다. 명절에 받은 세뱃돈을 저축하게 하고 대학에 갈 때는 빚을 내서라도 등록금을 보탭니다.

국가는 부모와 같은 역할을 합니다. 경기가 호황이면 사업도 잘되고 취업도 잘됩니다. 주가도 오르고 집값도 오르고 물가도 오릅니다. 경기가 좋으니 월급도 잘 오르죠. 하지만 국가는 지금 상황이 만족스럽지 못합니다. 호황이지만 물가가 빠르게 오르기 때문에 경기가 과열되지 않도록 브레이크를 적절하게 밟아줘야 합니다. 그것이 금리 인상입니다.

금리를 올리면 대출이자가 늘어납니다. 빚내서 집을 사기 부담스러워지다 보니 집값 상승 속도가 떨어지고 기업도 빚내서 투자하기 부담스러워지면서 투자와 생산을 과감하게 늘리지 않습니다. 그러면서 점차 물가 상승 속도가 떨어집니다. 하지만 한번 불붙은 경기는 다시 상승합니다. 물가가 오르는 것을 막기 위해서 국가는 금리를 또 올립니다. 물가가 오르면 임금 인상의 수혜를 받지 못하는 서민들의 삶은 더 어려워지기 때문이죠. 빈익빈 부익부가 가속화되는 것을 막고 사회 안정을 유지하는 것이 국가가 할 일이니 국가는 금리를 올릴 수밖에 없습니다.

그런데 증시, 부동산 시장은 가라앉지 않고 오히려 국가가 경기 호황을 인정했다고 생각하고 가격이 계속 상승합니다. 금리를 올리고 경기가 과열되는 상황이 몇 번 반복되다가 나중에 큰 사건이

나면서 경기는 하향 곡선을 그리고 증시와 부동산은 하락합니다. 2008년이 그랬고, 2018년이 그랬어요.

금리를 올리면 물가 인상을 막아 서민경제에 긍정적인 역할을 하지만 반대로 대출이자가 늘어 소비할 돈이 줄고 경기가 침체될 수도 있습니다. 그러려면 전제조건이 필요합니다.

"경제가 좋아지는 상황에서 금리를 올릴 것."

경제가 좋으면 대출이자 부담이 커져도 장사를 하거나 월급을 받아 충분히 갚을 수 있습니다. 그래서 인플레이션은 경제가 발전하는 한 계속 달고 가는 것이 좋습니다. 1985년에는 자장면 한 그릇이 500원이었지만 2020년에는 5,000원입니다. 10배가 올랐죠. 하지만 불만을 가지는 사람이 없습니다. 그만큼 월급도 올랐기 때문이죠. 30년 후에는 자장면 한 그릇이 5만 원 할 수도 있지만 문제되지 않을 겁니다. 그때 가면 직장인 월급도 3,000만 원이 넘을 테니까요.

결론은 경기가 좋을 때는 금리를 올려도 웬만해서는 경기가 가라앉지 않는다는 겁니다. 한 가지 문제가 있는데 금리를 올리면 그 효과가 늦게 나타납니다. 3~6개월 이후에 본격적인 효과를 보이는데 물가, 증시, 부동산 상승 속도는 이보다 더 빠르게 일어납니다. 정부가 금리 인상을 했는데, 효과가 없다고 판단하고 또다시 금리 인상을 하거나 0.25%씩 하지 않고 한 번에 0.5~1%씩 해버리면 시장은 부작용을 낼 수 있습니다. 그래서 금리 인상 시기에는 국가가 어느 정도의 기간을 두고 적절하게 조절하는지가 중요합니다. 만약 경기 과열 속도보다 금리 인상이 과하다 싶으면 투자를 잠시 멈추는 것도 좋습니다.

가장 최악은 경기가 나쁜데 금리를 올려야 하는 상황

⟶ 반대로 경기가 나쁠 때 장사도 안 되고, 사업도 어렵고, 일자리도 없는 상황에서도 금리를 올려야 한다는 압박을 받을 때가 있습니다. 유동성으로 돈을 많이 풀었음에도 경기가 좋아지지 않으면 돈은 증시, 부동산으로 몰려가 버블을 만들고 다시 원자재로 쏠려가 물가를 올립니다. 물가가 올랐으니 물가를 잡을 수 있는 방법은 금리 인상인데 이 상황에서 대출이자가 늘어나면 어떻게 될까요? 필수적인 생활에 타격을 줍니다. 이런 상황에서 국가가 금리 인상을 하면 얻는 것보다 잃는 것이 더 커집니다.

인플레이션 : 경기호황 + 물가 상승 → 해결책 금리 인상, 유동성 회수

스태그플레이션 : 경기침체 + 물가 상승 → 해결책 복잡

그래서 스태그플레이션(경기는 나쁜데 물가만 올라간 상황)에서는 국가가 딜레마에 빠집니다. 금리를 올리면 기업과 국민이 어려워지고, 그렇다고 경기를 살리기 위해 돈을 계속 풀면 자산 버블만 일어나서 빈부 격차가 심해지고 살인적인 물가로 경제는 더 어려워질 수 있으니 이러지도 저러지도 못하죠.

1970년대 초, 1980년에 오일쇼크가 두 번 발생하면서 스태그플레이션으로 들어간 적이 있습니다. 1차 오일쇼크 때는 부동산과 증시가 크게 하락했어요. 2차 오일쇼크 때도 하락했지만 1차 때보다는 덜했죠. 2007년에도 경기지표는 서서히 나빠지는데 투기 세력에 의해 원자재 가격이 과하게 올라가면서 스태그플레이션 우려가 발생했습니다. 이때는 곧이어 서브프라임발 금융위기가 오면서 증시, 부동산, 원자재 모든 것이 하락하며 상황이 종료되었습니다.

2019년 터키는 지방선거를 의식해 강도 높은 경기부양책을 펼쳤습니다. 하지만 오히려 실업률과 물가는 계속 상승하는 모순에

빠지게 되었죠. 스태그플레이션입니다.

스태그플레이션을 해결하는 정석적인 방법은 먼저 금리 인상입니다. 금리를 올려서 물가를 먼저 잡고 기업과 가계가 파산하는 부작용을 막아야 합니다. 그렇게 물가는 잡아도 아직 다시 물가가 오를 수 있다는 기대인플레이션이 잠재되어 있는데, 기대마저 하지 못하도록 계속 물가를 잡아야 합니다. 그렇게 모든 불씨를 꺼뜨리고 나서 돈을 풀고 금리를 내리면서 경기부양을 해야 스태그플레이션을 잡을 수가 있어요. 이론은 간단하지만 이 과정에서 몇 년간 국가경제는 생지옥을 겪습니다. 정치적 불안 상태가 지속되고 선동과 시위가 잦아 사회적 불안이 높아지죠. 외국인투자자가 떠나 환율도 무너집니다. 스태그플레이션이 오면 인플레이션보다 훨씬 더 어려운 문제를 풀어야 합니다. 유동성 공급, 금리 인하를 할 경우 효과적으로 경기부양을 해야 이런 사태를 미리 예방할 수 있어요.

- 경기 상승 : 물가 상승 → 금리 인상 → 이자 부담 증가

  → 투자, 소비 감소 → 물가 안정

- 경기 하락 : 물가 하락 → 금리 인하 → 이자 부담 감소

  → 투자, 소비 촉진 → 물가 상승

- 스태그플레이션 해결법 : 금리 인상 후 경기부양

금리가 하락하면 채권에, 상승하면 주식에

　경제를 이해하려면 주식과 채권을 먼저 알아야 합니다. 기업은 사업을 하기 위해 투자자의 자금을 끌어모아야 하는데 위험을 얼마나 떠안고 투자할 것인가에 따라 주식투자자와 채권투자자로 나뉩니다. 기업의 지분인 주식을 사면 기업의 주인이 되는 것입니다. 기업은 투자자들의 돈을 모아 자본금을 만들고 사업을 시작하죠. 사업에 성공하면 수익을 주주들과 나누고 사업이 망하면 주주들은 투자한 돈만큼 손실 또는 책임을 집니다. 주주들이 투자한 자본금은 회사의 빚이 아닙니다.

　반면 채권은 원금과 이자로 구성되어 있습니다. 기업에게 돈을 빌려주고 정해진 기간과 금리만큼 이자를 받는 것이 채권이죠. 기업이 장사를 잘하든 못하든 채권의 원금과 이자를 갚아야 하는 의무가 있어요. 즉, 기업의 수익을 나눌 수는 없지만 원금과 약속한 이자를 받을 권리가 있습니다.

기업이 망하면 채권투자자가 먼저 기업의 자산을 처분해 돈을 회수합니다. 다음에는 주식투자자가 남은 자산을 처분해 돈을 회수합니다. 그래서 치사하지만 워런 버핏은 질레트, 뱅크오브아메리카(BOA)처럼 위기에 빠진 기업에 투자할 때 처음에는 채권으로 투자합니다. 전쟁과 투자에서 치사를 따지는 건 사치이긴 합니다. 이겨야 하는 게임이니까요. 예를 들어 버핏은 5년간 이 기업이 망하면 채권투자자로서 가장 먼저 돈을 회수할 권리를 가지고, 망하지 않고 회복하면 주식으로 전환하거나 주식을 살 수 있는 옵션을 활용해 주식투자자로서 수익을 가져갑니다. 이를 전환사채(CB), 신주인수권부사채(BW)라고 하는데 일반인은 이렇게 투자할 수 있는 기회가 없습니다. 어쨌든 버핏은 자신의 말대로 원금을 잃지 않는 투자를 추구한다는 것을 알 수 있죠.

한마디로 요약하면 채권은 원금과 이자로 구성되어 있고, 금리가 높은 채권은 금리가 낮은 채권보다 매력 있는 채권입니다. 예를 들어 친구에게 돈을 빌려줬는데 A는 3% 이자를 받기로 하고, B는 5% 이자를 받기로 했다면 A는 화를 낼 겁니다. 채권 가격이 100만 원이라면 1년 후 A의 가격은 103만 원, B의 가격은 105만 원이 되기 때문이죠. A와 B가 가진 채권을 당근마켓에 판다고 생각해 봅시다. 1년이 지나야 원금과 이자를 받을 수 있는 이 채권을 구입한다면 103만 원, 105만 원 채권을 같은 가격에 사겠습니까?

105만 원 채권이 더 비싸겠죠? 발행자가 같다면 금리가 높은 것이 더 좋은 채권입니다. 금리가 5년가량 하락하는 금리하락기가 도래하면 채권에 투자하는 것이 훌륭한 투자가 되죠. 생각해봅시다. 친구에게 돈을 빌려줬는데 첫해는 5%, 다음 해는 4%, 그다음 해는 3%로 금리가 떨어지면 비싼 이자를 받을 수 있는 과거의 채권 가치가 올라갑니다. 그래서 채권은 금리가 내려갈수록 가격이 올라가요. 금리가 내려가는 시기는 그만큼 경제가 안 좋다는 뜻이죠. 주식처럼 위험한 자산보다 안전한 자산에 투자하려는 수요가 많다면 채권으로 돈이 몰려서 채권 가격이 더 오를 수밖에 없습니다.

금리 상승 시기에는
채권을 팔고 주식을 사라

⎯⎯⎯⎯⎯⎯⎯⎯⎯⎯⎯→ 반대로 금리가 점차 상승하는 시기가 옵니다. 경제가 좋아지다 보니 안전자산에서 위

험자산으로 돈이 나가죠. 채권의 인기가 떨어지고 금리도 계속 오르다 보니 과거의 채권이 미래의 채권보다 가치가 떨어집니다. 채권 가격도 하락합니다. 이 시기에는 채권 펀드나 ETF에 투자하면 재미를 볼 수 없습니다. 그보다는 주식에 투자해야 수익을 낼 가능성이 높아집니다.

물론 채권을 만기까지 보유하면 원금과 이자를 받기 때문에 손해를 보지 않습니다. 하지만 채권시장은 만기까지 보유하기보다 매매를 통해 시세가 정해지기 때문에 여러분이 직접 채권을 사서 보유하지 않고 채권 ETF에 투자해서는 가격하락기에 수익을 낼 수가 없죠.

거시경제를 읽는 투자자들은 미국채 10년 만기 수익률을 확인합니다. 미국채 10년물은 향후 금리에 대한 예상을 해볼 수 있습니다. 예를 들어 국채수익률이 상승한다는 것은 향후 금리 인상을 할 가능성이 높다고 해석할 수 있죠. 투자자들이 현재의 국채를 팔아 가격이 떨어진 것을 의미합니다. 다르게 해석하면 국채의 인기가 없어서 투자자들이 안전자산인 국채를 팔고 위험자산인 주식을 사고 있다고 해석할 수도 있어요.

미국 물가연동채(TIPS)는 물가와 연동되는 채권으로 인플레이션 지수를 알아볼 수 있는 지표입니다. 원금에 실질금리 하락분만큼 보완해주어 물가 인상에 따른 원금 손실을 방어해줍니다. 물가연동채 실질금리가 −1%를 나타내면 인플레이션이 1% 발생했다고 해석하면 됩니다.

기대인플레이션율(BEI) = 명목금리(미국채 10년물) − 실질금리(물가연동채)

그래서 기대인플레이션율(BEI)은 명목금리(미국채 10년물)에서 실질금리(물가연동채)를 뺀 값으로 구할 수 있습니다. 이렇게 채권의 금리를 잘 활용하면 경제를 읽는 데 필요한 정보들을 얻을 수 있습니다.

핵·심·요·약

- 채권 : 원금과 이자로 구성, 기업 부도 시 우선 자금 회수 권리
- 주식 : 기업의 주인, 자본금으로 구성, 파산 시 채권 먼저 상환,
  이후 주주에게 청산가치 배분
- 금리하락기 : 채권 가격 상승(주식 → 채권으로 자금 이동)
- 금리상승기 : 채권 가격 하락(채권 → 주식으로 자금 이동)

기대인플레이션율(BEI) = 명목금리(미국채 10년물) − 실질금리(물가
연동채)

금리 오를까 내릴까, 부채에 미치는 영향력

국가가 기준금리를 내리면 시중은행들의 금리도 낮아집니다. 돈을 빌리는 대출금리가 낮아지고 돈을 맡기는 예금금리도 낮아지죠. 대출금리가 1%만 낮아져도 기업들에게는 상당한 효과가 발생합니다. 예를 들어 아시아나항공의 2020년 말 기준 부채 총계는 약 13조 원이에요. 이 중에서 이자가 나가는 부채를 10조 원이라 가정하고 대출금리가 연 1% 감소하면 1,000억 원의 순이익이 증가합니다. 참고로 이 기업의 시가총액은 1조 원입니다. 대출금리가 낮아지면 시가총액 10% 수준의 연간 이익이 발생하니 기업은 대출금리에 따라 이익의 영향을 크게 받죠.

반대로 기업이 어려운 상황에서 대출금리가 1% 오른다면? 많은 기업이 부도날 겁니다. 하지만 경기호황으로 기업이 돈을 잘 벌 때는 부채가 많아도 버틸 수가 있어 금리를 올려도 견딜 만한 기업이 많습니다.

예금하는 사람들 입장에서는 금리가 내려가면 은행에 돈을 맡길 필요가 없습니다. 은행과 비슷하면서 높은 이자를 주는 회사채나 배당주, 임대투자로 돈이 몰립니다. 그러다 보면 꼭 배당이나 이자를 주지 않아도 매력 있어 보이는 주식, 부동산으로 돈이 몰리죠. 유동성 장세가 벌어지는 것입니다.

유동성 장세에서는 자산 버블이 옵니다. 경기침체로 성장하는 기업이 드문 상황에서 그중 몇몇 기업은 화려한 성장을 보입니다. 투자할 돈은 많은데 투자할 기업은 적다 보니 성장하는 소수의 기업에 돈이 쏠리죠. 대표적인 사례가 2020년 테슬라입니다. 2015년 5조 원으로 추산되던 쿠팡의 기업가치는 2021년 상장 후 90조 원을 넘어섰습니다. 유동성 장세는 성장주를 더 귀하게 만들어줍니다. 이처럼 금리를 내리면 기업은 대출 부담이 줄어들어 투자를 진행할 수 있고, 가계는 은행에 잠든 돈을 꺼내 투자를 하기 때문에 경기침체가 오면 금리 인하를 단행하는 국가들이 많습니다.

금리 인하와 함께 유동성 공급을 해야 경기를 살리는 데 효과적입니다. 예를 들어 미국의 중앙은행인 연방준비제도(연준, FED), 한국은행이 시장에서 국채를 매입하면 채권을 가져가는 대신 현금을 시중에 풉니다. 그럼 시중에는 현금이 늘어나죠. 시중에 현금이라는 유동성이 늘어나기 때문에 투자, 소비가 활발해져 경기침체를 벗어날 수 있죠. 또 다른 방법은 재정적자를 내는 것입니다. 국가는 세금으로 운영됩니다. 올해 들어올 세금만큼 쓸 곳을 정해서 예산을 짜는데 들어올 세금보다 더 많은 예산을 짜서 집행하는 거죠. 200만 원 버는 사람이 300만 원을 소비하면 100만 원이 빚으로 남듯 국가도 부채가 발생합니다. 그 부채는 향후에 국채를 발행해서 빚으로 유지하고 이자를 갚아나갑니다. 그래서 다음 세수에서 이자분을 빼야 하기 때문에 내년의 예산은 더 줄어들게 됩니다.

유동성 공급으로
늘어난 부채는 어떻게 갚을까?

⎯⎯⎯⎯⎯⎯⎯⎯⎯⎯⎯⎯⎯⎯⎯→ 그럼 그 부채는 어떻게 되는 것일까요? 보통 갚지 않습니다. 국가나 지방자치단체는 이자도 갚고 원금도 갚을 정도로 예산을 줄이기 쉽지 않아요. 이미 거대해진 조직과 인력 유지비, 사업 유지비, 새로운 지도자가 사용할 정책 예산만으로도 부족합니다. 그래서 보통 이자만 내고 갚지 않죠. 쉽게 예를 들면 여러분이 30년 전에 대출을 잔뜩 내어 강남

아파트 100채를 매입했다고 칩시다. 부자가 되어 있을까요? 파산해 있을까요? 이자만 버텨냈다면 수천억 부자가 되어 있겠죠.

이런 이유에서 오히려 다음에 또 국채나 지방채를 발행하고 적자재정을 펼칩니다. 어차피 물가가 더 빠르게 올라 국가, 지자체가 보유한 자산의 상승이 더 빠르기에 부채는 시간이 갈수록 줄어드는 효과가 있습니다.

2020년 코로나 위기 때 국가는 마치 기다렸다는 듯이 엄청난 재정적자, 금리 인하를 단행했습니다. 이렇게 빠르게 대처한 적이 없었어요. 과거의 위기 때는 미적대다가 증시, 부동산 하락이 오고 나서 소 잃고 외양간 고치는 격으로 처방을 했다면 이번에는 환자들 몸이 아직 아프지 않은데도 약을 쓰는 수준으로 빠르게 진행되었습니다.

그 기저에는 현대통화이론이 깔려 있습니다. 미국의 민주당 의원들이 주장하는 이론으로 경기를 살리기 위해 계속 화폐를 발행해도 된다는 주장인데요. 물가가 크게 오르지 않는다는 전제조건 하에 화폐를 찍어내도 문제가 없다는 이론입니다. 기존의 정부 지출과 세수가 같아야 한다는 철칙을 깨는 이론으로 이에 반대하는 주장도 많습니다. 화폐를 계속 발행해도 물가가 크게 오르지 않고 완전고용을 이룰 수 있다는 주장은 굉장히 신선하지만 화폐를 발행하는데 물가가 오르지 않을 수는 없습니다. 현대통화이론을 주장하는 쪽은 물가가 오를 때 세금을 올려서 유동성을 회수하면 된다고 말합니다.

저는 현대통화이론을 반대하는 쪽입니다. 화폐를 발행하는 시기와 물가가 오르는 시기는 기간 차이가 존재합니다. 당장은 아무 일 없는 것 같지만 시장에 밀어 넣은 화폐가 시중에서 유동성을 일으켜(통화승수 상승) 물가 상승이 시작되면 세금을 올려도 쉽게 걷잡을 수가 없죠. 또한 유동성 공급으로 수혜를 받는 대상과 세금을 내야 하는 대상이 달라 사회적 갈등이 발생할 수 있습니다. 후에 세금이라는 브레이크가 듣지 않는다는 것을 깨닫고 난 뒤에는 폭주하는 물가를 잡을 방법이 없습니다. 또한 물가가 오르고 있는데도 완전고용이 일어나지 않고 경기가 회복되지 않으면 고용도 잃고 물가도 잃는 최악의 상황이 올 수도 있어요.

하지만 제로금리 시대에 금리 인하는 더 이상 쓸 수 없는 카드가 되었습니다. 이 상황에서 현대통화이론은 경기침체를 해결할 수 있는 만능키로 추앙받고 있죠. 하지만 경제학에서 '기브(give)'는 없고 '테이크(take)'만 있는 법칙은 없습니다. 우리 혹은 다음 세대가 지금의 카드값을 갚아야 할 날이 올지도 모릅니다.

핵·심·요·약

- 경기침체 : 금리 인하 + 유동성 공급 → 투자, 소비 활발
    → 경기회복
- 국가 부채 : 국가는 부채를 갚지 않는다. 인플레이션이 부채를
    자연스럽게 해결
- 현대통화이론 : 화폐를 발행해도 물가가 오르지 않으면 계속
    발행해도 괜찮다는 이론

경기침체 시대, 통화승수가 높은 국가에 투자하라

사업하는 사람들은 장사가 어렵다는 뜻으로 '돈이 안 돈다'고 표현합니다. 시중에 돈이 많고 잘 돌면 바닥경기가 좋다고 말하죠. 반대로 시중에 돈이 없고 돈이 돌지 않으면 경기가 어렵다고 말해요. 장사하는 사람들 말대로 시중에 돈이 돌지 않으면 경기가 점점 어려워집니다. 그래서 통화량을 가지고도 경기가 호황인지 불황인지를 확인해볼 수 있습니다.

먼저, 통화의 종류를 알아볼까요?

M0 : 본원통화, 한국은행이 찍어내 시중에 공급한 돈이다. 이 돈은 시
중은행으로 흘러간다.

(M0 = 민간 보유 현금 + 지급준비금 + 은행 시재금)

M1 : 협의통화, 당장 은행으로 가서 현금으로 바꿀 수 있는 돈으로
단기자금을 말한다.

(M1 = 본원통화 + 요구불예금 + 수시입출금식 예금)

M2 : 광의통화, 시장에서 돈이 돌고 있다고 말하는 통화량으로 경기
측정에 많이 활용된다.

(M2 = M1 + 2년 미만 정기예금 + 거주자 외화예금 + 시장형 금융상
품 + 실적배당형 상품 + 금융채)

우리는 M0와 M2를 중요하게 봐야 합니다. 중앙은행이 유동성을
빠르게 늘리고 있는지 줄이고 있는지를 M0 증가율을 통해 알 수
있고, 시중에 유동성이 얼마나 빠르게 늘고 줄어드는지는 M2 증가
율을 통해 알 수 있습니다. 이 2개만으로 국가의 의도와 시장 반응
의 차이를 알 수 있어요. 예를 들어 M0와 M2가 빠르게 증가할 경우
주식과 부동산으로 돈이 쏠릴 가능성이 높습니다. 반대로 M0와 M2
의 증가세가 둔화되면 주식과 부동산 상승 힘이 떨어지게 됩니다.

돈의 회전속도를 알려주는
통화승수 구하기

───────────────────→ 통화승수를 더하면 좀

더 재미있는 자료를 얻을 수 있죠.

통화승수란 한국은행에서 유동성을 받은 은행들이 시장에 얼마나 돈을 공급했는지 알 수 있는 지표입니다. 통화승수가 15배라고 하면 중앙은행이 공급한 돈을 15명에게 회전시켰다고 해석할 수 있어요. 통화승수가 25배가 나오면 중앙은행이 공급한 돈이 25명에게 회전되었다는 뜻으로 사장님들이 말하는 '돈이 잘 돈다'는 상황입니다. 예를 들어 평소에 통화승수가 15배인데 최근 들어 통화승수가 13배로 하락했다면 15명 중 2명은 돈을 못 만지고 있다는 뜻이고, '돈의 회전이 둔화되었다', '불황이다'라고 말할 수 있습니다.

통화승수 = M2 ÷ M0

= 중앙은행이 공급한 돈이 시중에 몇 바퀴 돌았는가?

참고로 2008년 당시에 통화승수는 24~27배였습니다. 2020년은 15배였고요. 해석하자면 과거에는 한국은행이 유동성을 공급하면

시장에 돈이 돌아 경기부양 효과가 컸다고 볼 수 있고, 현재는 중앙은행이 공급하는 돈이 시중으로 잘 전달되지 않는다는 뜻입니다. 그래서 국가가 유동성 정책을 내도 바닥경기가 좋아졌다는 체감을 하기 어렵죠. 불황일 수도 있고, 유통 단계 개선일 수도 있고, 투자와 고용이 줄고 자산으로만 돈이 흘러간 것일 수도 있습니다. 참고로 이것은 세계적인 현상으로 2020년 많은 나라들이 경기를 살리기 위해 유동성을 공급했더니 바닥경기를 살리는 데 들어가지 못하고 증시와 부동산만 급등했습니다. 단순히 돈을 푼다고 경기가 살아나지 않고 자산 버블만 일어난다고 볼 수 있습니다.

2008년부터 2020년까지 12년간 GDP는 성장하고 국민소득도 늘었지만 기업을 운영하거나 가게를 하는 사람들이 계속 어렵다고 한 이유가 통화승수에 나와 있는 것입니다. 이렇게 돈이 돈다는 개념을 이해하면 사업에 적용해볼 수도 있습니다. 돈이 잘 도는 곳이 있고 돈이 잘 돌지 않는 곳이 있는데요. 장사를 하거나 상가임대를 하는 사람이라면 돈이 잘 도는 곳에서 해야 성공할 가능성이 높습니다. 어느 동네는 사람은 많이 살지만 주변 상권에 돈을 쓰지 않고 근처 대도시로 나가서 쓰거나 온라인 주문을 많이 하는 경우도 있어요. 인구수가 소비력과 일치하지 않는 것입니다.

통화승수가 낮아지고 있는 국가보다는 통화승수가 높아지고 있는 국가에 투자하면 주식이든 부동산이든 성공할 가능성이 높아집니다. 그래서 저는 출장 또는 여행을 다니다가 "저기는 언젠가 투자해야겠다"고 찜해둔 곳들이 있습니다. 그렇게 리스트를 모았다가 나중에 기회가 오면 본격적으로 투자를 할 수가 있겠죠? 주식이든 부동산이든 싸게 살 수 있는 기회는 자주 오지도 않고 길지도 않습니다. 그때를 잡으려면 리스트를 짜두고 미리 분석을 해두어야 합니다.

핵·심·요·약

- M0 : 본원통화, 한국은행이 찍어내 시중에 공급한 돈
- M2 : 광의통화, 시장에서 돈이 돌고 있다고 말하는 통화량
- 통화승수 : M2 ÷ M0, 중앙은행이 찍어낸 돈이 시중에 몇 번 회전하는가?
- 통화승수가 줄어들면 바닥경기는 불황
- 유동성 공급이 투자 대신 자산으로 들어가면 불황
- 통화승수가 늘고 있는 국가에 투자하는 것이 유리
- 온라인 쇼핑 및 유통 과정의 발전으로도 통화승수 감소

단기채, 장기채, 미국채 : 채권투자 이것만은 알아야

단기채권보다는 장기채권의 금리가 더 높아야 투자할 맛이 납니다. 돈을 떼일 수 있는 위험을 긴 시간 동안 감내하기 때문에 프리미엄이 있어야 하겠죠? 그래서 장기채가 단기채보다 금리가 높습니다. 경기불황이 예상되면 돈은 위험자산인 주식에서 안전자산인 미국 장기채로 몰립니다. 그래서 장기채(10년물) 가격이 상승하고(수익률 하락) 단기채(2년물) 가격은 하락하며(수익률 상승) 금리 차가 줄어듭니다. 즉, 경기둔화 현상을 예고하는 것으로 볼 수 있습니다.

장단기 금리 차 = 10년물 국채수익률 - 2년물 국채수익률

장단기 금리 차가 마이너스로 나오는 금리 역전 현상이 벌어졌을 때 경기불황이 도래한 적이 종종 있습니다. 1990년, 2001년, 2007년, 2020년 전에 금리가 역전되는 현상이 나타났고, 큰 증시 하락을 겪었죠.

미국 연준은 양적완화, YCC, 오퍼레이션 트위스트(Operation Twist) 등 다양한 방법을 통해 국채수익률을 관리하고 경제를 안정적으로 유지합니다. 먼저 양적완화는 장단기 금리 차가 벌어지는 것을 줄이기 위해 장기채권을 매수하는 것을 말합니다. 예를 들어 400억 달러 장기채권을 매수한다고 하면 장기채권 가격이 상승하고 수익률은 하락합니다. 그리고 시중에 400억 달러만큼의 유동성을 주입할 수 있죠.

일드캡(Yield Cap), 수익률곡선관리(YCC)도 양적완화처럼 장기채권을 매수합니다. 다만 양적완화는 얼마만큼 사겠다는 금액이 목표이고, 일드캡과 YCC는 채권수익률 관리가 목표이므로 금액 제한이 없다는 차이점이 있습니다. 예를 들어 미국채 10년물 금리를 1.5%보다 높지도 낮지도 않은 범위 내에서 사고팔면서 관리하

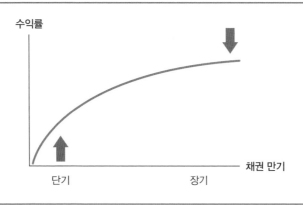

수익률

단기 　　　　　　　　　장기

채권 만기

: 오퍼레이션 트위스트

　는 것이 YCC입니다. 이와 비슷한 일드캡은 미국채 10년물 금리가 1.5% 이상이면 계속 매입하는 방식입니다.

　오퍼레이션 트위스트는 연준이 보유한 단기채를 팔고 그 돈으로 장기채를 사는 것입니다. 그러면 단기채 수익률은 상승하고 장기채 수익률이 하락하면서 곡선이 급해지지 않고 평탄해집니다. 그러면 연준은 시장에 유동성을 공급하지 않고도 채권수익률 곡선을 조절할 수 있습니다.

　오퍼레이션 트위스트를 하면 단기금리가 상승해 단기로 돈을 보유해도 이자가 붙기 때문에, 보유해도 이자가 발생하지 않는 금 가격은 하락 압력을 받습니다. 실제로 유럽 재정위기로 혼란했던

2011년 당시 9월 오퍼레이션 트위스트로 인해 금 가격이 하락했고, 2012년 6월에 2차 오퍼레이션 트위스트를 하자 몇 달간 상승하며 버티던 금 가격은 이내 완전히 무너졌죠.

다른 방법으로는 회사채 스프레드(spread)를 통해 경기 분위기를 알 수 있습니다. 회사채는 국채보다 불안하기에 더 비싼 금리를 적용합니다. 경기가 좋아 기업들이 돈을 잘 벌고 신용도가 우량하면 부도날 걱정이 없기 때문에 낮은 금리로도 회사채 발행이 가능합니다. 반대로 경기가 나빠 기업들이 부도 위기에 놓이면 회사채 금리는 올라갑니다. 반면 이런 시기에 국채는 안전자산으로 매력이 더해져 금리가 상대적으로 덜 오르거나 낮아질 수 있죠. 즉, 회사채 스프레드가 높아지면 시장 불안을 나타내고, 낮아지면 시장이 안정적이고 호황이라는 것을 뜻합니다.

회사채 스프레드 = 회사채 금리 − 국채 금리

한국은행도 금리, 수익률, 정책을 통해 국채수익률을 관리하고 경기를 조절하죠. 그래서 한국 투자자는 미국 연준과 한국은행을 둘 다 확인해야 합니다. 연준이 금리를 올리면 한국은행도 같이 올

리고, 내리면 같이 내리는 것이 안전합니다. 물론 미국은 금리를 내리는데 우리는 상황상 못 내릴 수도 있어요. 이렇게 엇박자가 날 때 예상치 못한 결과가 나올 수 있습니다.

주식투자는 편하다고 생각하는 경우가 많은데 채권도 이해해야 주식투자를 온전하게 할 수 있어요. 채권이 경제를 움직이고 주식은 그 움직임을 통해 수익을 얻기 때문이죠. 조금 복잡해도 채권의 흐름을 주시하면 주식을 사거나 팔아야 할 시기에 대한 힌트를 얻을 수 있습니다.

핵·심·요·약

- 장기채가 단기채보다 금리가 높은 것이 정상적인 현상
- 장단기 금리 차 = 10년물 국채수익률 − 2년물 국채수익률
- 금리 역전 현상 : 금융위기 예고일 수 있음
- 국채수익률 관리 방법 : 일드캡, YCC, 오퍼레이션 트위스트

미국이 금리를 올리면 벌어질 일들

2021년 2~3월은 미국채 10년물 수익률이 상승하면서 증시가 흔들렸습니다. 2020년부터 1년 동안 대규모 부양책으로 4,000조 원이 넘는 돈을 시장에 부었고, 곡물, 금속, 원유, 부동산, 주식, 비트코인 등 자산으로 불릴 수 있는 것들은 전부 올랐습니다.

채권시장에서는 미국의 금리 인상 우려를 예상하며 채권 매도세가 이어졌고 채권수익률은 가파르게 올랐죠. 연준은 금리 인상을 하지 않을 것이라고 지속적으로 말했지만 시장은 믿지 않습니다.

"저렇게 물가가 치솟고 있는데 금리를 안 올린다고? 우리가 바보야?"

미국채 10년물 금리는 연준의 발언에도 진정되지 않고 계속 상승했습니다. 2020년 말 0.9%였던 국채수익률은 3월에 1.7%까지 치솟았습니다. 그리고 기술주를 대표하는 나스닥 지수는 2월 중순 14,000포인트를 넘었으나 3월 초 12,200포인트로 하락하는 일이 벌어졌죠.

기준금리가 오르면 향후 발행되는 채권의 표면이자율이 상승합니다. 예를 들어 연 1% 이자가 지급되는 채권보다는 연 2% 이자가 지급되는 채권이 더 매력적이죠. 그럼 금리 인상 시기가 도래하면 채권 가격은 하락하게 됩니다. 과거의 채권보다 지금의 채권이, 지금의 채권보다 미래에 발행될 채권이 더 매력적이기 때문입니다. 그럼 채권투자자는 어떤 선택을 해야 가장 현명할까요? 지금의 채권을 팔고 나중에 발행될 채권을 사는 것이 더 유리합니다. 마치 내년에 새로운 모델의 자동차가 출시될 예정이면 올해 판매되는 구 모델은 잘 팔리지 않듯이 말이죠. 그래서 할인을 해서 구 모델을 재고 처리하려고 합니다. 채권시장도 똑같아요. 앞으로 발행될 채권 때문에 지금의 채권이 잘 팔리지 않다 보니 채권수익률이 올라가는 현상이 벌어지는 것이죠.

금리가 상승하면
기술주가 하락하는 이유

$\longrightarrow$ 그럼 채권수익률이 올라가는데 왜 나스닥 지수는 하락하는 걸까요? 기준금리가 인상된다는 것은 향후 발행될 국채, 회사채, 주택담보부채 등 이자가 늘어난다는 것을 의미합니다. 이자가 올라가면 투자금 회수 압박이 강해지죠. 예를 들어 100억 원을 연 1% 이자로 빌린 사람은 1년에 1억 원에 대한 이자 부담밖에 없기 때문에 돈을 천천히 갚아도 됩니다. 그래서 시간만 지나면 좋은 결과를 낼 수 있는 기술주에 투자하게 되죠.

저금리 시대에는 성장하는 기업이 귀하기 때문에 몇몇 폭발적인 성장을 보여주는 기술주에 돈이 쏠리게 됩니다. 그렇게 나스닥은 2020년 최고 수혜를 받았죠. 이제 이자가 올라가면 경기가 좋아지고 있다는 뜻으로 해석할 수 있습니다. 경기 상승의 자신감 없이 기준금리를 올리지 못하니까요. 여러 업종들이 성장 시대로 진입하는 것이죠. 그럼 소수의 기술주만 성장하는 것이 아니기에 희소성이 사라지고 그만큼 매력이 떨어집니다. 여기에 이자 부담이 올라가기 때문에 투자자들은 미래의 한 방보다는 지금 당장 돈을 잘 버는 기업에 투자하는 것이 더 안전한 선택이 됩니다.

미국이 금리 인상을 하면
왜 신흥국 주가가 하락할까?

─────────────────→ 그럼 아시아 신흥국
증시는 왜 하락하는 것일까요? 가장 큰 이유는 미국의 금리 인상
입니다. 미국의 기준금리가 상승한다고 합시다. 미국의 기준금리
는 0~0.25%이고 한국의 기준금리는 0.5%예요. 미국의 기준금리
가 0.5%로 인상되면 한국과 기준금리가 같아집니다. 똑같은 수
익률이라면 투자자는 더 안전한 미국 채권을 사게 되죠. 실제로
1994년부터 미국의 금리 인상이 시작되자 신흥국이었던 멕시코
에서 돈이 빠져나가면서 멕시코는 유동성 위기를 겪고 IMF에 빠
졌습니다. 1996년부터 엔화가 강세에서 약세로 돌아선 일본도
1997년 8월 이후 60조 엔의 신용경색이 벌어지고 은행의 대출 기
피, 회수 현상이 나타났습니다. 그 과정에서 태국, 인도네시아의
외환위기가 발생했고, 12월에는 한국이 IMF 구제금융을 신청하는
상황이 벌어졌죠.

미국의 기준금리가 인상되면 미국의 달러 강세, 신흥국 화폐의
약세를 초래하므로 원-달러 환율이 급등하게 됩니다. 신흥국이 채
권시장을 방어하고 환율을 유지하기 위해서는 같은 수준으로 기
준금리를 인상하면 되지만, 기준금리 인상은 경기가 회복되거나
상승세일 때 할 수 있는 카드입니다. 미국은 경기가 회복되어서 기

준금리 인상을 할 수 있고, 신흥국은 아직 경기가 회복되지 않아 기준금리 인상을 하지 못한다면? 신흥국의 외환, 채권, 주식 시장이 요동칠 수 있습니다.

그래서 투자자는 미국의 기준금리, 채권시장에 대한 뉴스를 외면해서는 안 됩니다. 미국이 기준금리를 인상한다고 하면 우리도 할 수 있는 처지인가를 생각하면서 투자의 비중을 유지하거나 줄이는 선택을 해야 합니다.

핵·심·요·약

- 기준금리 상승 → 기존 채권 가격 하락(수익률 상승)
  → 부채이자 증가 → 기술주 하락
- 미국 기준금리 인상, 신흥국 기준금리 유지
  → 미국으로 자금 이동 → 신흥국 금융위기 가능성

금리 인상 때 오르는 주식

• • •

금리가 돈의 흐름에 어떤 영향을 주는지 이해했다면 이제 돈 냄새를 맡는 것이 중요합니다. 초보는 돈을 쫓아가고 고수는 돈이 가는 길에 먼저 가서 기다리죠. 금리가 오를 것으로 예상되면 고수들은 벌써 그에 따라 오를 만한 주식을 사서 기다리고 있습니다. 초보자들은 금리 인상 뉴스가 나오거나 금리 인상을 몇 번 했을 때에야 안심하고 투자에 들어가죠. 그런데 이미 올라 있는 것을 발견하고 살지 말지 주춤하게 됩니다. 아니면 비싼 것을 알면서도 더 오를 것이라 생각하고 매수를 하죠.

여기서 문제가 발생합니다. 고수는 싼 가격에 사서 비싼 가격이 되었기 때문에 가격의 흐름에 크게 상관없이 수익률이 +인 상태예요. 반면 비싸게 산 초보자는 상황에 따라 +와 −를 왔다 갔다 합니다. 그래서 불안도가 더 심하고 목표 주가까지 참지 못하고 팔아버리게 됩니다. 그러고서는 편안함을 느끼고 자기합리화를 하죠.

고수는 이미 싼 가격에 샀기 때문에 가격 변화에 크게 신경 쓰지 않습니다. 대신 상황이 바뀌는지를 보고 다음 돈이 흐르는 길목을 찾는데 신경을 쓰죠. 그래서 돈 냄새를 맡으면 꽤 오른 것들을 팔아 정리하고 다른 길목에 서서 기다립니다. 이 과정을 반복하면서 안전하고도 수익이 높은 투자로 부를 늘려나가죠.

그럼 실전으로 돌아와서 금리 인상이 예상되면 언제 투자해야 할까요? 금리 인상 뉴스가 나오지 않았지만 금리 인상을 할 것 같을 때 투자에 들어가야 합니다. 그럼 힌트를 찾기 위해 금리 인상을 하기 위한 전제조건을 찾아봅시다. 금리 인상을 한다는 것은 대출이자가 늘어난다는 것으로 기업과 가계의 소득이 늘어나야만 할 수 있는 것이죠. 그럼 고용, 경기지표가 좋아져야 금리 인상을 할 수가 있어요. 하지만 지표를 보고 투자해도 늦습니다. 이 정도 1차원적인 생각은 다들 하니까요.

한 번 더 먼저 생각해봅시다. 지표가 좋아지려면 어떤 이벤트가 있어야 할까요? 기업의 투자가 늘고 소비심리가 살아나야 고용이 늘고 소득이 늘어납니다. 기업들의 설비투자 확대, 영업용 차량 증가, 해운업 물동량, 운임 증가, 유가 상승, 정부의 대규모 인프라 공사 발표 예정 등 고용과 소비심리를 살릴 수 있는 신호들이 보일 때 들어가면 됩니다. 이것이 2수를 내다보는 단계예요. 3수를 내다보는 단계는 금리 인하는 충분히 했고 금리 인상을 아직 할 기미가 보이지 않을 때입니다. 이때는 가장 먼저 들어갈 수는 있지만 변수가 많고, 얼마나 기다려야 수익이 나올지를 알 수가 없습니다.

금리가 상승하면
오를 주식 찾는 법

———————————→ 그럼 금리가 오를 때 수혜를 받을 수 있는 업종을 찾아봅시다. 수혜 업종을 찾는 방법은 뉴스보다 상식적으로 생각해보는 겁니다. 뉴스는 실적이 현실화되고 있을 때, 기대감이 생길 때가 되어서야 나옵니다. 기대감이 없을 때는 나오지 않죠. 먼저 가서 기다리는 투자를 하는 사람은 뉴스보다 먼저 움직여야 하기 때문에 생각하는 힘이 필요합니다.

금리가 오르면 직관적으로 생각했을 때 은행의 이익이 늘어난다는 것을 알 수 있습니다. 은행의 이익구조는 중앙은행에서 낮은 금리로 돈을 빌려와 고객들에게 비싼 금리로 돈을 빌려주는 것이죠. 이를 예대마진이라고 하는데, 금리가 낮으면 프리미엄도 낮아집니다. 중앙은행에서 1%로 가져온 돈을 고객에게 비싸게 팔아도 3%입니다. 그럼 2%의 마진이 납니다. 반면 금리가 올라서 중앙은행에서 3%로 돈을 빌려오면 고객에게 6%에 팔아 3%의 마진을 냅니다.

저금리 : 중앙은행 1% + 마진 2% = 고객 3%

고금리 : 중앙은행 3% + 마진 3% = 고객 6%

비슷한 예로 콩, 옥수수, 밀, 설탕 가격이 30원 오르면 제품 가격은 150원 오릅니다. 앞으로 더 오를 것을 예상해서 마진을 충분히 붙이는 것이죠. 은행도 금리가 올라가는 시절에는 손해를 보지 않기 위해 앞으로 계속 상승할 것으로 보고 마진을 충분히 붙여 대출상품을 팝니다.

이와 유사한 구조로 인해 보험회사도 금리가 상승할 때 이익을 낼 수 있어요. 과거 금리가 높던 시절에 보험사는 생명보험과 저축보험을 팔 때 고객들에게 확정금리 5%를 제시했습니다. 당시에 채권금리가 7~8%였으니 그렇게 주고도 충분히 돈이 남았죠. 그런데 금리가 내려가면서 채권금리가 2~3% 나오면 어떻게 될까요? 오히려 보험사가 빚을 내서 고객들에게 돈을 줘야 합니다. 그래서 2018~2020년 금리하락기에 보험사 주가가 계속 하락했습니다. 반대로 금리가 계속 인상되면 과거의 손실이 차츰 줄고 이익으로 전환됩니다. 그래서 2021년 초에 금리 인상을 할지 모른다는 기대만으로 보험사 주가가 상승했습니다.

이번에는 직관적인 생각 말고 깊이 생각을 해서 수혜주를 찾아 봅시다. 금리는 왜 오르는 걸까요? 경기가 좋아지기 때문에 국가는 금리를 올려서 경기 과열을 막고 그동안 풀었던 유동성을 회수하려고 합니다. 국가는 경제가 망가지는 것을 원하지 않기 때문에 경제에 문제가 없다고 판단되었을 때 금리를 올립니다. 즉, 경제가 좋아졌기 때문에 금리를 올리는 것이죠.

2000년 이후로 대한민국 금리가 오른 시기는 2004~2008년, 2009~2011년, 2016~2018년입니다. 코스피 지수가 상승하는 시기와 일치합니다. 그럼 금리가 오를 때는 코스피 기업들의 주가가 오른다는 것을 알 수 있죠. 좀 더 깊이 생각해봅시다. 코스피 지수를

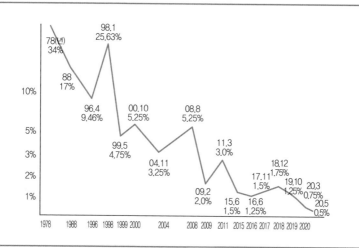

: 대한민국 기준금리 역사

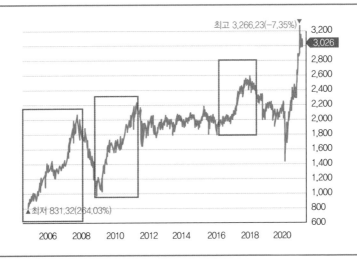

최고 3,266.23(−7.35%)

3,026

최저 831.32(264.03%)

⫶ 코스피 지수 역사

움직이는 것은 시가총액 상위 20위권 기업들이라고 해도 무방할
정도로 대기업의 영향이 큽니다.

　그럼 시총상위주는 어떤 업종으로 구성되어 있을까요? 반도체,
전자, 조선, 자동차, 화학, 정유 업종 등이 포진해 있습니다. 이 업
종들은 대표적인 경기민감주입니다. 한국에서는 금리가 오를 때
경기민감주에 투자하는 것이 돈을 버는 투자가 될 수 있습니다. 한
국은 경기민감주가 코스피를 차지하는 비중이 크기 때문에 금리
인상기가 도래한다고 하면 코스피 기업들 위주로 투자하는 것이
성공 확률이 높은 투자인 것입니다.

금리 인하 때 오르는 주식

• • •

금리가 내려가면 경기가 침체되고 있다는 뜻으로 해석할 수 있습니다. 경제가 나빠지고 있어서 기업과 가계가 버티기 힘들고, 국가는 금리를 내려 대출이자를 낮추고 유동성 공급으로 시중에 돈이 돌게 해서 심폐소생을 해주는 단계이죠. 달리 말하면 좋은 주식과 부동산을 싸게 살 수 있는 기회이기도 합니다.

경제위기가 도래해서 금리 인하가 시작되고 다시 경기가 회복되어 금리가 올라가기까지는 대략 5년의 시간이 걸립니다. 즉, 5년간 경기민감주는 우울한 시기를 겪을 수 있어요. 경기민감주 비중이 높은 코스피 지수는 2011년부터 2016년까지 박스권에 갇혀 있었죠. 금리 인하 초기에는 굳이 주식투자를 할 필요가 없고 주식시장을 잠시 떠나 투자 공부를 하거나 인생에서 휴식 시간을 가지는 것이 더 훌륭한 선택이 될 수 있습니다.

금리인하기의 투자법 몇 가지를 설명하자면, 이때는 지수를 보지 말고 기업 자체에 집중하는 것이 좋습니다. 첫 번째는 성장주예요. 경기침체기에 많은 기업들은 제대로 된 성장을 보여주지 못합니다. 이럴 때 폭발적인 성장을 보여주는 주식은 투자할 곳이 없는 투자자들에게 오아시스 같은 존재가 되죠. 서로 투자를 하려고 몰려듭니다. 희소성이 있기 때문에 기업의 가치보다 더 높은 주가가 형성됩니다. 그럼 어떤 기업이 성장주라고 할 수 있을까요? 저만의 정의를 내리자면 당장 매출과 이익이 없어도 앞으로 큰돈을 벌 수 있다는 환상을 심어주는 기업입니다. 원래 오아시스 근처에는 신기루가 많아요. 투자자들은 신기루에도 돈을 들고 달려가죠. 기술주, 바이오주, 테마주, 작전주 등에 돈이 몰리는 시기로 개인적으로 이런 투자를 하지는 않지만 이 업종의 주식들이 오르는 것을 많이 봐왔습니다.

두 번째는 경기방어주입니다. 경제가 어려운데도 꿋꿋이 매출과 이익이 견조한(높은 상태를 유지하는) 성장을 보이는 주식들이 있어요. 호황기에는 매출과 이익의 성장 속도가 느려서 관심을 덜 받았지만 침체기에는 이만한 주식이 없죠. 내수, 식품 업종의 기업들은 매출과 이익이 안정적이고 배당도 많이 줍니다. 예금금리가 내려갈수록 고배당을 주는 우량주의 매력은 더욱 커지죠. 이런 기업은 경기호황기에도 오르고 경기불황기에도 오릅니다. 초보자가 투자하기 좋고, 장기투자로 적합한 주식이에요.

세 번째는 부채가 많은 기업입니다. 금리가 내려가면 대출이자도 내려가죠. 예를 들어 1조 원의 부채가 있는 항공사의 대출금리가 2% 내려갈 경우 연간 200억 원의 이익이 증가합니다. 하지만 부채가 많다고 무조건 투자해서는 위험해요. 지금은 경기침체기이니까요. 경기침체기임에도 불구하고 매출과 이익이 증가하면서 부채가 많은 기업이어야 대출이자가 내려가는 효과를 온전히 볼 수 있습니다.

네 번째는 경기침체기에 굳이 주식투자를 하지 말고 채권 ETF에 투자하는 겁니다. 채권 가격은 금리인하기에 상승하죠. 2011년부터 2016년까지 금리는 내렸고 ETF 주가는 40% 상승했습니다. 금리 인상이 있었던 2017년부터 2018년까지 채권 ETF 가격은 오

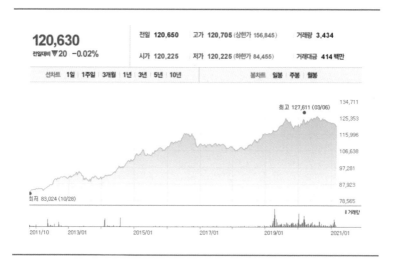

: 국고채 10년 ETF 주가 차트

르지 못하다가 다시 금리 인하를 한 2018년 12월 전부터 가격이 다시 상승하는 모습을 보여줍니다. 금리 인하 시기에는 채권 ETF 를 어느 정도 비중으로 들고 가면서 안정적인 수익을 추구하는 것 도 좋은 선택입니다.

그 외에도 이 시기에는 부동산에 투자하는 것도 좋은 방법입니 다. 금리가 고점을 찍고 경제위기로 인해 주식과 부동산도 저렴해 진 시기이기 때문에 대중은 주식과 부동산에 대해 불신하고 있습 니다. 거기에 금리는 점차 내려가면서 대출이자도 낮아집니다. 시 간이 지나 대중의 불신이 욕심으로 바뀌고 낮은 대출이자는 구입 욕구를 불러일으키죠.

이렇게 금리가 오르고 내리는 것에 대해 조금만 깊이 생각해보면 돈이 될 만한 것들이 보입니다. 그래서 투자 공부를 어느 정도 하고 나면 뉴스를 보는 것보다 생각하는 힘을 기르는 것이 더 중요합니다.

핵·심·요·약

금리인하기에 상승하는 주식

1. 성장주
2. 경기방어주
3. 부채가 많은 기업
4. 채권 ETF

$

3장

◇ ◇ ◇

비트코인·금·달러는
환율의 흐름을 보고
투자하라

환율이 오르면 주식 매매 타이밍

환율이란 국가 간 돈의 교환 비율입니다. 국내에서는 환율이 필요 없죠. 하나의 통화권을 적용받기 때문입니다. 유럽은 EU 회원국 간에 유로화를 사용하고 있어요. 여러 나라가 한 통화권 안에 들어 있기 때문에, 즉 같은 화폐를 쓰는 나라 간에는 환율이 존재하지 않습니다. 환율이란 각자 다른 화폐를 쓰는 국가 간에 돈을 교환할 때 몇 대 몇으로 바꿀 것인지 비율을 정한 것이죠.

원활한 수출과 수입을 위해서는 이 비율이 안정적으로 움직이는 것이 좋습니다. 그래서 국가는 환율의 변동성을 줄이기 위해 관리를 합니다. 금리를 올리고 내리거나 미국채를 사거나 팔면서 적절한 환율이 유지되도록 하죠. 환율이 오르면 오르는 대로 장단점이 있고, 내리면 내리는 대로 장단점이 있습니다.

환율이 오르면 수출하는 사람 입장에서는 유리합니다. 1달러에 팔아 1,000원을 벌던 사람이 환율이 50% 상승하면 1달러를 팔아 1,500원을 가져옵니다. 반대로 수입을 하는 사람은 환율이 50% 상승하면 외국에 물건값을 50% 더 줘야 합니다. 그래서 환율이 오르면 곡물, 철, 목재, 원유 등의 물가 상승으로 인해 경제가 어려워집니다.

환율이 내리면 수입물가가 낮아져 물가가 안정되고 서민경제가 숨통이 트입니다. 하지만 기업들은 환율이 불리해 사업하기가 어려워집니다. 10달러에 팔아도 수익을 냈던 것이 적자를 보지 않기 위해 13달러에 팔아야 합니다. 문제는 중국, 일본, 대만과 가격 경쟁을 해야 하는 품목이 많다는 것입니다. 가격 경쟁력에서 밀려 수익이 줄어들죠.

여기까지가 교과서적인 환율이고 실전은 다릅니다. 예를 들어 고환율에서 수출기업이 유리하니 주가가 오를 것 같지만 막상 보면 역사적으로 저환율 시기에 더 많이 올랐습니다. 그래서 우리는 실전 환율을 공부해야 합니다.

국가는 안정적인 환율 관리를 위해 고정환율제를 사용할 수도 있습니다. "국가가 책임질 테니 1달러=1,000원" 이렇게 정한다면 모두가 편하죠. 환율을 고정함으로 인해 수출입에서 리스크를 없애는 방식이니까요. 기업들은 환율로 손해를 볼 일이 없으니 마음 놓고 무역을 활발히 할 수 있습니다. 시장이 작은 신흥국 중앙은행은 신뢰도를 높일 수 있죠.

대표적인 사례로 제2차 세계대전 이후 브레튼우즈체제를 들 수 있습니다. 미국 달러를 국제통화로 정하고 달러와 일정한 금의 교환 비율을 고정했는데요. 다른 나라 돈들은 달러와 고정환율로 연결되어 있었기 때문에 금을 기반으로 만들어진 고정환율제라고 할 수 있습니다. 결과는 어떻게 되었을까요? 고정환율제도의 치명적인 단점을 알게 해줬습니다.

국제수지 적자가 심각했던 미국은 이 문제를 환율로 해결할 수가 없었어요. 국제수지 적자가 지속되면 환율 변경을 예상하기 때문에 환투기가 벌어집니다. 결국 긴축정책, 수입규제를 통해 이 문제를 해결해야 합니다. 이는 경기불황으로 이어지죠. 미국도 1971년 8월 이 문제를 해결하기 위해 브레튼우즈체제를 무너뜨리고 달러화 평가절하를 단행합니다.

이 과정에서 우리는 고정환율의 문제점을 알 수 있습니다. 국제수지 적자가 나는 국가는 외환보유액이 감소할 경우 환투기 공격에 노출될 수 있습니다. 고정환율제에서는 통화량을 늘리거나 줄이면서 환율 균형을 맞출 수가 없어 긴축정책을 쓰게 됩니다. 긴축

정책은 증시 하락의 원인 중 하나예요. 즉, 잘나갈 때는 문제가 없는데 못 나갈 때 문제가 한 번에 터지는 위험을 가지고 있습니다.

변동환율을 사용하면 환율이 실시간으로 바뀌어서 기업은 환손실이 날 가능성이 존재합니다. 하지만 통화량 조절을 통해 불황을 극복할 수 있는 카드가 하나 더 생기죠. 코로나 이후 각국이 유동성 공급으로 위기를 넘기고, 어떤 나라들은 의도적으로 화폐가치를 낮추면서 수출을 유리하게 만들기도 합니다. 그래서 많은 나라들이 환손실 가능성을 알면서도 변동환율제를 사용합니다.

고정환율과 변동환율의 단점을 절충하면?

$\longrightarrow$ 이러한 중간점을 찾기 위해서 여러 국가들은 국가가 환율을 정하는 고정환율과 시장이 환율을 정하는 변동환율 중간인 '관리변동환율제'를 택하고 있습니다. 관리변동환율제는 국가가 부분적으로 환율시장에 개입하는 거예요. 중국의 경우 관리변동환율제로 기준환율을 매일 인민은행이 정하고 그날 환율은 ±2% 내에서만 움직일 수 있어 고정환율제에 가깝다고 할 수 있습니다. 베트남도 2016년 고정환율제를 포기하고 ±3% 범위 안에서 움직입니다. 하지만 아직 고정환율

제에 가깝다고 할 수 있죠.

국가가 환율에 개입해서 무역수지를 개선하고 흑자로 돌아서면 좋겠지만 환율은 상도덕에 가깝다고 생각하면 좋습니다. 자국의 화폐가치를 떨어뜨려 고환율을 유지하고 수출을 의도적으로 유리하게 만들면 정정당당하지 않은 방법으로 무역에서 유리한 위치를 선점하는 것입니다. 좀 치사하죠? 공정한 무역을 위해 미국은 환율조작국을 지정하고 규제를 합니다. 환율조작국 기준은 3가지인데 첫째, GDP 3%를 초과하는 경상수지 흑자, 둘째, 대미 무역 흑자 연 200억 달러 이상, 셋째, 정부가 외환시장에 개입해서 순매수한 규모가 GDP 2% 초과 또는 6개월 이상 순매수입니다. 환율조작국에 지정될 경우 보복관세 등으로 수출에 타격을 받을 수 있습니다.

결국 국가는 환율을 적절하게 조절하면서 너무 흑자가 나지 않도록 해야 합니다. A라는 나라와 B라는 나라가 서로의 경제에 도움이 되기 위해서 하는 것이 무역입니다. A만 돈을 벌고 B는 돈을 잃게 되면 공정한 무역이라고 할 수 없습니다.

이렇게 환율 자체가 무역을 위해 만들어졌기 때문에 투자자는 환율을 항상 신경 써야 합니다. 주식시장에서 가장 큰 자금 비중을 차지하는 주체가 외국인투자자입니다. 한국 증시가 매력적이면 외국에서 달러가 들어와 투자를 하죠. 그럼 환율은 내려가고 지수는 올라갑니다. 한국 증시에 문제가 생기면 외국인들은 주식을 팔아 달러를 들고 나갑니다. 환율이 오르고 지수가 내립니다. 꼭 맞는 것은 아니지만 대략적으로 이런 관계를 가집니다. 이 현상을 활용하면 투자자는 언제 환전을 하고 언제 주식을 사면 좋은지 타이밍을 알 수 있습니다.

핵·심·요·약

- 환율 : 국가 간의 화폐교환 비율
- 한국 증시는 이론과 다르게 환율이 낮을 때 대세 상승기
- 고정환율 vs 변동환율 → 관리변동환율
- 국가의 환율 개입 → 수출 유리 → 환율조작국 지정

달러, 왜 중요할까?

　모든 나라들은 수출과 투자를 통해 해외에서 달러를 벌어들입니다. 그 달러로 국가 유지에 필요한 석유, 식량, 무기를 사들이죠. 미국은 달러를 만들어냅니다. 그런데 수입을 열심히 해서 다른 나라의 물건을 사주는 바람에 무역적자를 기록하고 있습니다. 하지만 위기 때마다 달러를 찍어낼 수 있는 발권력을 가지고 있습니다. 다른 나라들은 아무리 어려워도 달러를 찍어낼 수가 없죠. 그리고 달러는 전 세계에 통용되는 기축통화입니다. 이것이 미국의 힘입니다.

　어떻게 미국은 달러를 기축통화로 만들 수 있었을까요? 1776년에 독립하고 나서도 화폐가 없어 다른 나라 화폐를 쓰던 나라가 이제는 기축통화국의 지위를 누리고 있습니다. 긴 이야기이지만 달러의 역사가 금융의 역사이니 설명을 들어보세요.

달러의 어원은 '탈러(Taler)'입니다. '탈(Tal)'은 체코에서 은광이 발견된 곳을 부르던 명칭이었고, 여기서 만든 은화를 '탈러'라고 불렀습니다. 나중에 발음이 부드러워지면서 '달러(Dollar)'가 되었습니다. '달러=돈=은화'를 뜻했죠. 어원에서 알 수 있듯이 달러 이전에는 금과 은, 특히 금이 세상의 돈으로 통용되었습니다.

전 세계가 금을 화폐로 쓰자고 약속한 적은 없지만 동서양을 막론하고 국가의 시작과 금의 역사가 거의 일치합니다. 왜 금을 화폐로 썼을까요? 금은 우선 독특한 빛을 냅니다. 흙색, 회색빛인 다른 암석과 달리 홀로 노란색을 띠죠. 신비롭고 영롱한 황금빛은 권력을 나타냅니다. '금=권력'으로 동일시했을 겁니다. 여러 국가 유물에서 보면 각 나라들이 약속한 적이 없음에도 왕족의 유물로 금이 자리를 차지하고 있습니다. 금은 녹슬지도 않고 사라지지도 않는 영원함을 가지고 있죠. 영원히 늙지 않고 살아 있고 싶은 인간의 욕망이 곧 금에 투영된 것입니다. 그런 이유로 인해 약속한 적은 없지만 여러 지역에서 금이 보물, 화폐로 쓰였어요.

지중해를 중심으로 북쪽은 유럽, 남쪽은 아프리카가 차지하고 있습니다. 유럽 대륙에서 나오는 산물과 아프리카 대륙에서 나오는 산물은 서로 다르죠. 당연히 서로에게 호기심을 갖고 물건을 교환하고 싶어 했어요. 그래서 지중해를 통해 무역이 이루어집니다. 이 무역의 패권을 가지려고 먼저 그리스와 페르시아가 전쟁을 벌였고, 이후에 유럽의 로마, 북아프리카의 카르타고가 세기의 격돌을 했습니다. 이후에 유럽과 이슬람의 전쟁도 지중해 패권을 두고 벌어진 것이에요. 그만큼 무역의 역사와 유럽의 역사는 떼려야 뗄 수 없습니다.

그럼 무역에서 공통된 화폐가 필요했겠죠? 그것이 금입니다. 금 생산량이 크게 늘지 못했기 때문에 무역의 성장 규모를 따라가지 못했습니다. 그러면 금의 가치가 오르죠. 원조 금테크라고 부를 수 있습니다. 그래서 금은 화폐의 수단으로도 투자의 수단으로도 유용한 자산이었어요. 당시 유럽인들은 목숨을 걸고 신대륙을 찾아 나섰고, 남미에서 엘도라도(황금의 제국)를 찾기 위해 무자비한 학살도 서슴지 않았습니다.

기축통화가 금에서 달러로 넘어간 사연

⟶ 하지만 금의 단점도 있습니다. 금은 무겁죠. 그리고 값싼 물건을 살 때 거래하기 불편

합니다. 당시 무역을 하러 가는 길이 안전하지도 않았죠. 치안이 좋지 않고 배가 침몰할 수도 있었어요. 그래서 은행에 금을 보관하고 금 교환증을 받았습니다. 금 교환증을 화폐처럼 거래했죠. 이것이 화폐의 시작입니다. 은행은 금을 보유한 만큼만 교환증을 발행해야 하지만 막상 금을 찾아가는 비율이 미미했기 때문에 금보다 좀 더 많은 교환증을 발급해서 만든 자금으로 투자를 시작했습니다. 그렇게 해서 가진 돈보다 더 큰 부를 이뤘죠. 이것이 금융업의 시작입니다.

금은 금융의 기본으로 자리 잡았고 금을 가장 많이 보유한 나라가 패권을 잡고 기축통화국 지위를 누렸습니다. 처음에는 막대한 식민지를 가진 해가 지지 않는 나라 영국의 파운드화가 기축통화였어요. 하지만 제1차, 제2차 세계대전에서 엄청난 국력을 손실한 영국은 많은 돈을 소비했고, 그 많던 금은 군수품을 팔아 전쟁특수로 성장한 미국으로 건너갔습니다. 금을 가장 많이 가졌으니 그 금을 기반으로 달러를 기축통화로 만들었는데 당시는 '금 1온스=35달러'로 고정하는 브레튼우즈체제였죠. 미국은 무역적자, 베트남전쟁, 인플레이션으로 고정환율제, 금본위제를 포기합니다. 이로 인해 미국은 달러의 위상이 흔들리는 시기를 겪어요.

하지만 두 차례 오일쇼크를 통해 다시 국부를 쌓고 달러의 위상을 찾은 미국은 거침없는 성장을 하고 기축통화로서 입지를 50년

째 공고히 다지고 있습니다. 여기서 알 수 있는 사실은 생각보다 달러의 기축통화 역사가 오래되지 않았다는 것이고, 영원할 것 같았던 달러도 위기가 있었다는 겁니다.

2008년 미국발 금융위기가 오자 달러의 입지는 또 한 번 흔들렸고, 당시 위안화, 엔화가 달러를 대체할 통화로 떠올랐습니다. 하지만 2011년 유럽 위기, 일본 쓰나미, 2015년 중국 위기가 오면서 달러는 대체 불가 통화로 다시 떠올랐죠. 그래서 워런 버핏은 이런 말을 종종 합니다.

"절대로 미국에 맞서지 말라."

핵·심·요·약

달러가 기축통화가 된 이유

금 거래 → 불편함 → 교환증 → 화폐 → 제1차, 제2차 세계대전 → 유럽의 금이 달러로 이동 → 브레튼우즈체제 → 고정환율 포기 → 오일쇼크 → 달러의 공고화

비트코인 vs 금 vs 달러, 어니에 투지할까?

군사적, 경제적 힘이 있어야만 기축통화국의 지위를 유지할 수 있습니다. 미국이 군사적으로 어려움에 빠질 것이라고 생각하는 사람들은 없었죠. 하지만 미국도 경제적 위기에서 자유로울 수 없다는 것을 몇 번 봤습니다. 그렇기에 달러에 대한 무한 신뢰를 가질 필요는 없습니다. 항상 위기가 오면 달러에 대항할 새로운 화폐들이 등장할 것이고, 그때마다 달러 가치는 요동칠 것입니다.

미국도 이를 알고 있습니다. 그래서 힘을 놓지 않으려고 노력합니다. 대표적으로 미국은 상대국과의 거래에서 무역적자를 봅니다. 상대국은 무역흑자를 보고 달러를 가져갑니다. 그 달러로 다시 투자를 하고 성장을 하면서 경제를 부흥시킵니다. 그런데 미국은 산타크로스가 아니에요. 무역에서 적자가 발생하면 금융에서 흑자를 내어 국제수지를 유지해야 합니다. 그래서 신흥국의 이익을 회수해가는 '양털 깎기'라는 무서운 금융전략을 사용합니다.

예를 들어볼까요? 산타라는 사장님은 참 친절합니다. 성공을 위해 시골에서 기차를 타고 서울로 온 청년들에게 돈도 빌려주고 기술도 가르쳐주죠. 그리고 자기 회사에 취업시키거나 가게를 차려 일을 할 수 있게 해줍니다. 월급도 잘 주고 가게를 차리면 거래를 통해 적자를 내면서까지 청년들이 흑자를 볼 수 있게 해주죠. 기술도 전수해주고요. 참 좋은 산타 사장님입니다. 청년들은 그렇게 번 돈으로 사업을 더욱 키웁니다.

그런데 산타 사장님은 적자를 보는 것처럼 보이지만 실제로는 적자를 본 적이 없습니다. 그 돈이 다 어디서 났겠어요? 청년들이 처음 상경해서 정착할 돈, 사업할 돈을 빌려주고 이자를 받아 수익을 냅니다. 그러다 경제가 어려워져서 무리하게 사업을 했다가 망할 뻔한 청년들에게 다시 돈을 빌려줍니다. 다만 이자가 비싸요. 그래도 빌려주는 것이 어디냐며 청년들은 고마워하고 돈을 가져다 씁니다. 경제는 회복되고 청년들의 사업도 정상 궤도에 올랐지만 이상하게 여윳돈은 없습니다. 매달 이자를 갚는 데 많은 돈을 쓰고 있기 때문입니다. 그랬습니다. 산타 사장님은 돈놀이로 부를 쌓고 있었고, 열심히 일할 청년들을 찾아 돈을 빌려주는 일을 반복했을 뿐입니다.

무역에서 적자를 보고
금융에서 흑자를 보는 미국의 셈법

⟶ 세계적인 투자은행의 상당수는 영국과 미국에 있습니다. 그들은 전 세계 국가들과 기업에 투자를 하고 투자수익은 다시 영국과 미국으로 들어갑니다. IMF 이후로 한국도 금융 개방을 했고 해외자본은 우량기업을 헐값에 사들였죠. 삼성전자 지분의 55%, 은행 지분의 60~70%는 외국인투자자입니다. 한국 기업들이 열심히 돈을 벌고 사업을 키워도 지분의 절반은 외국인 것이고 배당과 수익이 해외로 빠져나간다는 뜻이에요.

미국뿐만 아니라 영어권 나라인 영국, 호주, 캐나다도 금융업이 발달해 있습니다. 특히 호주, 캐나다는 농업, 광공업 등 1차산업 중심의 나라로 2차산업은 발달하지 않았습니다. 그런데 3차산업인 금융업이 발달해서 세상의 돈을 자국으로 가져옵니다. 그래서 농사를 짓지만 부유한 나라입니다. 반면 브라질, 아르헨티나 등 남미 국가들은 세계적인 농업, 광공업 국가이지만 금융이 발달하지 못해 가난하죠.

미국은 기축통화국 지위를 놓을 생각이 없습니다. 오히려 달러 지위에 도전하는 국가나 상품들을 가차 없이 공격하죠. 현재 EU와 일본은 달러의 지위에 위협적이지 않고 남은 위협은 중국의 위안화와 비트코인밖에 없습니다. 이 둘을 처리하지 못하고 미국이 다음 금융위기를 맞게 되면 달러의 지위를 내려놓아야 할 수도 있어요.

2017년 상승했던 비트코인이 코로나 위기 이후 다시 올랐습니다. 과거보다 2배 이상 높은 가격으로 1코인당 6,000만 원에 육박했죠. 비트코인이 달러라는 챔피언에 도전자가 되었습니다. 그 과정에서 많이 오를 줄 알았던 금 가격이 허무하게 무너졌죠. 달러가 무너지면 다음 대안으로 가장 유력했던 화폐는 유로화, 위안화, 엔화가 아닌 금이었습니다. 그런데 신성 비트코인의 등장으로 달러 vs 금의 싸움이 아니라 달러 vs 비트코인의 싸움으로 흐르니 금 가격은 그동안 잠재된 프리미엄이 빠지면서 가격 하락이 벌어진 것입니다.

그럼 달러와 비트코인의 싸움이 달러의 승리로 끝나야 금 가격이 상승할 것입니다. 달러와 비트코인의 싸움이 길게 지속되면 금은 한동안 사람들의 관심 밖으로 밀려납니다. 그런데 이 싸움이 언제 끝날지 모르겠어요. 비트코인 다음으로 등장할 도전자는 금이 아니라 국가들이 만들어내는 디지털 화폐와 기업들이 만드는 전자화폐들이기 때문입니다. 이 화폐들이 다시 이슈가 되고 달러에 도전할 수준이 되기까지는 시간이 걸릴 겁니다. 금은 이럴 때마다 하락의 위기를 맞게 됩니다.

마치 금이 과거의 두목이었다가 달러에게 1인자를 뺏기고 2인자를 하고 있었는데, 새로운 도전자들이 등장하면서 이제는 2인자 지위도 뺏긴 모습인데요. 그래도 인류의 역사와 함께 수천 년을 1인자로 살았던 금이 단 50년 만에 이렇게 추락할 수 있을까요? 다음 50년에도 달러가 1인자로 살아남을 수 있을까요?

핵·심·요·약

- 미국 : 무역적자 & 금융흑자
- 신흥국 : 무역흑자 & 금융적자
- 달러를 위협하는 요인 : 금, 비트코인, 디지털 화폐, 위안화, 엔화, 유로화

미국은 금리를 인상할까? 헤지펀드의 환율 공격 역사

신흥국들은 빠른 성장을 위해 환율 리스크를 제거하고자 고정 환율제를 쓰는 경우가 많습니다. 기업들은 환율 걱정 없이 효율적인 사업을 할 수 있고, 중앙은행은 신용이 증가해 투자를 유치하기가 좋죠. 그렇게 성장한 나라들은 한 번쯤 샴페인을 터뜨리는데, 이때가 헤지펀드의 외환 공격이 들어오는 시기와 일치합니다.

헤지펀드는 다양한 상품에 투자해 목표 수익을 달성하는 펀드로 꽤나 공격적인 투자를 합니다. 외환 공격에 실패할 경우 손실이 막대하므로 가장 취약한 나라를 최적의 타이밍에 공격합니다. 1997년 한국의 금융위기도 헤지펀드의 공격 때문이었죠. 아쉬운

점은 방어할 시간이 있었는데 그러지 못했다는 것입니다.

고정환율제를 쓰는 나라는 빠른 성장을 거두는 데 도움은 됐지만 외환 공격에 취약하다는 약점이 있어요. 고정환율제에서 변동환율제로 전환하면 되는 것 아니냐는 말을 하지만, 어느 날 갑자기 변동환율제로 전환하겠다고 발표하면 그 나라의 외환보유고가 문제 있는 것 아니냐는 우려로 오히려 환율 문제가 생길 수 있기 때문에 쉽사리 전환하지도 못합니다.

1985년부터 1996년까지 태국은 연평균 9%씩 고성장을 하는 나라였습니다. 당시 1달러=25바트 고정환율제를 쓰고 있었는데 우리나라에 외환위기가 발생하기 몇 달 전인 1997년 5월에 헤지펀드의 외환 공격이 있었어요. 이후에 인도네시아 다음으로 한국에 공격이 들어갔죠. 잘나가던 아시아 국가들이 환율에 문제가 생기게 된 이유는 1995년 조지 소로스의 외환 공격을 받아 일본의 엔화가 강세에서 약세로 전환되었기 때문입니다. 당시 아시아 최대 경제 대국인 일본 엔화가 약세로 전환되자 주변 국가들의 수출 둔화세가 발생했습니다. 특히 태국에 투자한 해외자본이 엔화였기 때문에 가장 피해가 컸고, 헤지펀드는 첫 공격 대상으로 태국을 선택한 것이죠.

태국도 IMF에 들어가지 않기 위해 노력했지만 소용없었습니다. IMF에 들어가면 제시한 조건을 수행해야 하는데 예산 축소, 증세, 경제성장률, 물가상승률, 금리 통제를 받아야 합니다. 한 나라의 경제주권이 넘어가는 것이기 때문에 다들 처음에는 IMF를 받아들이지 않으려고 합니다. 그래서 고정환율제를 풀고 변동환율제로 전환했지만 1달러에 25바트인 환율이 32바트로 치솟게 됩니다. 바트화가 추락하자 환투기 세력들은 바트를 계속 팔아치우죠. 당시 아시아 국가들은 일본에서 단기외채를 빌려 썼는데 태국도 마찬가지였습니다. 1년 안에 갚아야 할 부채가 450억 달러였고, 외환보유액은 200억 달러였습니다. IMF에 들어가지 않기 위해 일본에 손을 벌렸으나 일본은 IMF를 통해서만 지원해줄 수 있다고 거절했어요. 사실 아시아 금융위기의 근본은 엔화 대출이었는데 일본도 금융에 문제가 생겼으니 여력이 되지 않은 것입니다. 결국 1997년 7월 28일 태국은 IMF에 돈을 빌려줄 것을 공식 요청했습니다.

8월에는 투기자본이 인도네시아를 공격합니다. 루피아 가치가 급락하고 인도네시아 증시도 하락합니다. 말레이시아, 필리핀도 외환 공격을 받았어요. 그렇게 시간이 지나 한국도 외환 공격을 받아 1997년 12월 3일 IMF 구제금융을 체결합니다. 환율이 급등하고 증시가 폭락하는 일이 발생합니다. 이후 구조조정이라는 의무를 수행하기 위해 수많은 사람들이 일자리를 잃고 실직자가 되었죠. 이것이 IMF 외환위기의 전말입니다.

미국의 금리 인상을 이해했다면
IMF 위기를 막을 수 있었다

———————————→ 외환 공격이 벌어지기 전에 신호가 있었어요. 먼저 멕시코 같은 경우에는 미국의 금리 인상으로 인해 외환위기가 발생했습니다. 멕시코로 달러가 투자될 때는 호황을 누렸지만 금리 인상으로 돈들이 미국으로 넘어가니 유동성 위기를 맞이한 것이죠. 아시아는 엔화 강세에서 약세로 돌아서면서 일본에 수출하던 국가들이 위기를 맞아 부도가 났습니다. 한국도 경제는 호황이었지만 1997년에 철강, 자동차, 건설사 등 대기업이 줄부도를 내던 시기였죠.

즉, 헤지펀드 입장에서는 경상수지 적자를 기록하니 외화부채를 갚을 능력이 떨어졌다고 봤고, 그 부채는 일본에서 빌린 단기외채로 연장이 불가능할 수도 있었습니다. 여기에 오랜 호황으로 재무 관리가 소홀해 부채 관리가 취약했던 대기업들도 무너지는 상황이었으니 금융세력들이 양털 깎기에 참 좋은 환경이었죠.

이후에 외환 공격은 뜸했다가 1995년 일본에 외환 공격을 했던 조지 소로스가 2016년에 다시 움직였습니다. 조지 소로스는 외환 공격의 달인이니까요. 1992년 영국 파운드화로 10억 달러를 벌었고, 1993년 독일, 프랑스에서 11억 달러를 벌었습니다. 1997년 아시아 외환위기의 주범으로 많은 수익을 냈죠. 이런 조지 소로스가 2016년 중국의 위안화, 홍콩달러를 공격합니다. 하지만 중국은 무너지지 않았습니다. 그 이유 중 하나가 중국은 경상수지 흑자가 상당한 나라였고 전 세계 외환보유액의 30% 비중을 차지하고 있었기 때문입니다. 외환 공격 1인자인 조지 소로스가 왜 중국을 공격했는지는 의문스럽습니다. 좋은 타이밍이 아니었기 때문인데요. 다만 일본을 공격해 아시아를 흔들었던 그의 전력으로 볼 때, 중국을 흔들면 그 영향을 받는 국가들의 환율이 흔들릴 것으로 생각했는지도 모릅니다.

이렇듯이 외환 공격은 그 나라가 건강할 때 오지 않습니다. 단기부채가 많고 경상수지 적자가 나고 고정환율제를 써서 환율 관리에 취약한 나라는 언제든지 표적이 될 수 있다는 말이죠. 지금은 멀쩡해 보여도 무너지는 것은 한순간입니다. 그렇기 때문에 국가든 투자자든 잘나갈 때 더 잘 관리해야 합니다.

핵·심·요·약

- 고정환율제는 환율 공격에 취약
- 미국의 금리 인상 → 일본의 금융 불안 → 일본 단기외채 회수 → 헤지펀드 환율 공격 → 신흥국 외환위기 → 한국 IMF 구제금융 신청

투자할 때 물가가 반영된 실효환율을 봐야 하는 이유

교과서에서 배우는 경제이론은 실제 투자에서 맞지 않는 경우가 많습니다. 그래서 경제를 살아 있는 동물이라고 합니다. 경제를 움직이는 변수는 여러 가지인데 교과서에서는 환율이 오르면 수출이 잘된다는 식으로 단편적인 설명을 합니다.

매출 = 단가 × 수량

이익 = 마진 × 수량

환율이 상승한다고 생각해봅시다. 해외에서 2만 달러에 자동차를 1대 팔아 원화로 환전하면 환율이 1달러=1,000원일 경우 2,000만 원의 매출을 올립니다. 이때 자동차의 순마진이 100만 원이라고 해볼게요. 한국의 경제가 어려워져서 환율이 1달러=1,500원으로 급등했다면 이 회사는 외국에서 2만 달러에 자동차 1대를 팔아 3,000만 원의 매출을 올리게 됩니다. 그럼 순마진은 1,100만 원이 되는 것이죠. 환율만으로 이익이 11배 상승하는 효과를 볼 수 있습니다. 이것이 교과서가 알려주는 환율로 인한 기업의 이익 증가예요.

그런데 여기서 문제가 있죠. 한국의 경제가 어려워져 환율이 급등할 정도이면 다른 나라는 멀쩡할까요? 예를 들어 미국, 일본, 중국, 유럽의 경제는 나쁘지 않고 한국만 나빠졌다고 하면 이 회사는 교과서처럼 수출을 통해 이익을 내는 것이 가능합니다. 자동차가 잘 팔릴 테니까요. 그런데 글로벌 시대에 그런 일은 흔치 않습니다. 내가 어려우면 남도 어렵게 마련이죠. 환율은 유리한데 외국도 경제가 어려워져 차를 사려는 사람이 줄어듭니다. 그럼 자동차 가격을 할인해서 팔아야 하고 생각보다 판매도 잘되지 않습니다. 즉, 마진은 늘지만 수량이 감소하면서 결국 전체 이익이 현저히 떨어집니다. 매출과 이익 감소는 주가 하락으로 연결되죠.

한국의 IMF 외환 위기 당시 아시아에 주로 수출하는 기업은 어려웠지만, 유럽이나 미국에 수출하는 기업은 수혜를 볼 수 있었습니다. 2008년 글로벌 금융위기 당시에는 중국이 크게 성장하는 시기였기에 엄청난 수요가 있었어요. 중국 수출 비중이 높은 기업들은 오히려 이전보다 주가가 더 많이 상승했습니다. 즉, 환율이 유리해져도 팔아먹을 시장이 건재한지를 봐야 합니다.

여기에 실효환율도 생각해야 합니다. 한국, 일본, 중국, 대만은 수출 주력 업종이 겹칩니다. 세계에서 가장 큰 소비시장은 미국입니다. 결국 4개 국가 모두 미국에 자국 제품을 더 많이 팔기 위해 치열한 경쟁을 펼칩니다. 제품을 잘 팔려면 크게 2가지가 필요합니다. 품질과 브랜드 가치를 올리거나 가격을 내리면 됩니다. 경기호황기에는 가격 요소보다는 품질과 브랜드가 소비자의 선택을 좌우합니다. 경기불황기가 되면 가격이 소비자의 선택을 좌우하죠. 가격 경쟁이 벌어지는 상황에서 상대 국가의 브랜드보다 우리가 더 싸게 팔면 그만큼 매출과 점유율에서 우위를 차지할 수 있습니다.

각국 수출 비중을 감안한 실효환율

──────────────→ 그래서 환율 자체가 오르고 내리는 것도 중요하지만 경쟁국과의 상대적 환율인 실효

환율이 더 중요합니다. 실효환율은 각국별로 수출 비중을 감안해서 가중치를 두고 환율을 계산한 것입니다. 4개 국가 모두 환율이 상승해서 수출기업이 유리해졌지만 한국의 실효환율이 가장 많이 상승했다면 한국이 가격 면에서 경쟁력을 가지게 되죠.

투자자는 물가가 반영된 실질실효환율을 봐야 합니다. 한 나라의 화폐가 상대국 대비 어느 정도 구매력이 있는가를 반영한 환율이기 때문에 좀 더 정확한 비교가 가능하죠. 실질실효환율은 국제결제은행(BIS) 홈페이지에서 확인할 수 있습니다.

구분	의미
명목환율	단순환율
실효환율	상대국 무역 점유율 가중치를 적용한 환율
실질실효환율	실효환율에 물가 변동 차이를 조정한 환율

그렇다고 환율을 아무 때나 적용해서는 효과를 알 수 없어요. 달러 대비 환율이 상승한다는 것은 외국인투자자들의 돈이 빠져나간다는 의미와도 같습니다. 환율이 상승한다는 것은 수출에 유리함과 동시에 투자자들에게 매력을 잃고 있다는 의미일 수도 있습니다. 2020년 3월 19일 경제위기 당시 각국은 최고 환율, 최저 증시지수를 기록했죠. 그로부터 1년이 지난 데이터를 보면 4개국 모두 환율은 낮아졌고 증시는 상승했습니다. 한국은 환율이 가장 많

이 하락하며 원화 강세를 나타냈고, 코스피는 가장 많이 상승했습니다. 중국은 위안화 강세 대비 증시가 많이 상승하지 못했는데 국가 정책적으로 버블을 우려해 긴축을 한 영향으로 볼 수 있죠.

구분	환율			주식
	2020년 3월	2021년 3월	하락률	증시상승률
한국	1273원	1142원	10.3%	코스피 103.0%
일본	111.2엔	108.8엔	2.2%	닛케이 75.4%
중국	7.108위안	6.511위안	8.4%	상하이 24.2%, 홍콩 33.2%
대만	30.48엔타이비	27.79엔타이비	8.8%	대만가권 83.3%

환율이 오른다고 증시가 좋은 것도 아니고, 수출기업의 주식이 꼭 오르는 것은 아닙니다. 뉴스에서는 환율이 내려간다고 기업들에게 악재라고 말하지만 역사적으로 보면 코스피 고점은 2007년, 2017년, 2020년 환율이 낮을 때 발생했어요. 즉, 단순히 환율만 보고 주식투자를 한다는 것은 위험한 발상일 수 있다는 것이죠.

핵·심·요·약

- 환율 상승 → 기업의 마진 증가 → 주가 상승(변수 존재)

  ※ 경쟁국도 환율이 좋다면? → 그렇지 않을 수도

- 실효환율 : 경쟁국과 수출 비중을 고려해 가중치를 둔

  상대적 환율

- 코스피 고점 = 환율 저점

환율과 코스피의 관계

• • •

환율과 코스피는 단기적으로 보면 역의 관계를 가지고 있습니다. 2018년 1월부터 2019년 8월까지 환율은 계속 상승했고, 코스피 지수는 계속 흘러내렸어요. 2020년 코로나로 인한 글로벌 위기 당시 환율은 1,200원을 넘었고 코스피는 급락했습니다. 이후 환율은 빠르게 안정세를 찾았고, 코스피는 빠르게 상승했죠.

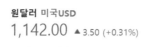

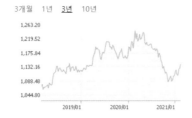

⦂ 환율 3년　　　　　　　　　⦂ 코스피 3년

이런 면에서 볼 때 환율의 방향과 속도는 코스피의 방향과 속도와 역관계라는 것을 알 수 있습니다. 그도 그런 것이 코스피에서 가장 많은 비중을 차지하고 있는 외국인투자자들도 코스피가 상승할 때는 한국에 투자를 하고, 코스피의 매력이 떨어지면 돈을 빼나가기 때문에 환율의 움직임이 반대의 모습을 보이는 것입니다.

여기에서 좀 더 응용해봅시다. 훌륭한 사업가는 상대방의 심리를 이해하고 그에 맞는 제안을 합니다. 훌륭한 투자자는 외국인의 관점에서 코스피를 바라보고 투자해야 합니다. 우리는 오로지 주가가 오르고 내리는 것으로 수익이 결정되지만 외국인투자자는 그렇지 않습니다. 주가가 오르지 않아도 환율이 내려가면 수익이 나죠.

예를 들어 삼성전자 주가가 8만 원이고 환율은 달러당 1,000원이라고 해봅시다. 환율이 10% 하락해서 달러당 900원이 되고, 삼성전자 주가는 그대로 8만 원이라면 외국인투자자는 10% 수익, 내국인투자자는 0% 수익률이 나옵니다. 즉, 주가가 오르지 않아도 환율이 내려가기 시작하면 수출기업들은 환율로 인한 이익 감소가 발생하지만 외국인투자자들에게 한국 주식은 매력적인 투자처가 됩니다.

이렇게 되면 수급이 좋아져서 주가도 올라갑니다. 외국인투자자들이 사니까 수요가 생기고 주가는 자연스럽게 올라가죠. 특히 주식시장에서 외국인투자자들이 어떤 주식을 산다 하는 뉴스는 좋은 호재로 여깁니다. 그래서 외국인들이 사는 주식들 위주로 강한 상승이 벌어집니다. 그러면 외국인 입장에서는 환율로 돈을 벌고 주식투자로도 돈을 버는 일석이조의 효과가 발생합니다.

그러다 환율이 바닥을 찍고 상승하기 시작하면 외국인들 입장에서는 최악이 됩니다. 내국인투자자는 주가가 내려가지 않으면 수익률에 상관없지만 외국인들은 주가가 내려가지 않아도 환율이 상승하면 손해죠. 그래서 서둘러 팔고 나오려고 합니다. 이러면 수급이 나빠지죠. 외국인들이 던지고 나가는 장이 되기 때문에 사려는 사람이 없고 분위기도 서늘해집니다.

달의 영향으로 바다의 밀물과 썰물이 있듯이 환율의 영향으로 코스피도 오르고 내립니다. 물론 코스피가 환율에 영향을 주기도 합니다. 그래서 투자자는 환율을 잘 볼 필요가 있어요. 먼저 코스피 지수가 오르는지를 확인하고 환율을 살펴야 합니다. 그다음 오늘 코스피, 선물을 보며 외국인이 순매수 중인지 순매도 중인지, 지금의 상황이 며칠이나 지속되고 있는지를 확인하면서 주식시장의 분위기를 파악해야 합니다.

2021년 선물 3개월 만기 전날을 기준(2021. 3. 10.)으로 보면 코스피는 1월 중순에 3,200포인트를 넘으며 정점을 찍고 내려가기 시작해 3,000선 밑으로 들어갔죠. 환율은 1월 초 1,090원 아래부터 계속 상승하며 1,142원까지 올랐습니다.

선물: 미리 가격을 정해서 돈을 먼저 주고 물건을 나중에 받는 거래
종목. 코스피 지수 선물투자는 3개월 단위로 지수 상승과
하락을 예상하며 돈이 투자되므로 증시 분위기를 알 수 있다.

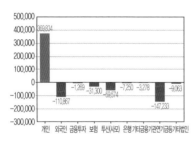

∶ 코스피 3개월 매매 동향

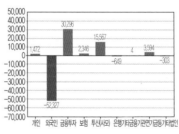

∶ 선물 3개월 매매 동향

이때 외국인투자자의 동향을 보면 3개월간 코스피 주식을 11조
순매도했고, 선물도 3개월간 5만 계약 넘게 순매도를 했습니다.
3개월간 코스피 지수가 흘러내렸고 환율은 올랐으며 외국인투자
자들은 팔았다는 신호가 일치합니다.

여러 신호가 서로 일치하는 방향으로 가고 있다면 당분간 그 방향으로 계속 흐를 가능성이 존재합니다. 이런 신호들을 찾고 확인하는 작업이 웬만한 뉴스를 보고 판단하는 것보다 더 정확할 때가 많으니 활용해보시기 바랍니다.

핵·심·요·약

- 환율과 코스피의 역관계
- 환율 상승 → 코스피 하락
- 환율 하락 → 코스피 상승
- 이유 : 외국인투자자 입장에서는 환율에 따라 투자수익률이
     달라짐

해외주식 투자의 환전 타이밍

• • •

주식투자에 대한 관심이 늘면서 해외주식 투자를 하는 사람도 많이 늘었습니다. 그중에서도 미국 주식에 투자하는 비중이 높죠. 초보 투자자들의 관심은 주로 주가입니다. 테슬라 주가가 600달러인지 800달러인지 신경 쓰며 주가 자체에 관심이 높죠. 환율은 고려하지 않고 자신이 사고 싶을 때 사고, 팔고 싶을 때 파는 경우가 많습니다.

초보 투자자들이 가장 많이 하는 실수 중 하나가 미국 주식을 살 때 원화를 달러로 환전해서 사고, 미국 주식을 팔 때는 달러로 들어온 돈을 원화로 바로 환전합니다. 즉, 주식 매매 시기와 환전 시기가 일치합니다. 그러면 제대로 된 수익을 거둘 수가 없죠. 환전을 하는 시기와 주식을 사고파는 시기가 서로 달라야 최대 수익을 낼 수 있습니다.

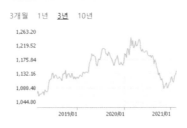

원달러 미국USD

1,142.00 ▲ 3.50 (+0.31%)

3개월 1년 <u>3년</u> 10년

1,263.20
1,219.52
1,175.84
1,132.16
1,088.48
1,044.80

2019/01   2020/01   2021/01

⋮ 2019~2020년 환율

　우리나라 환율을 보면 1,040~1,240원 수준에서 오르내립니다. 물론 상황에 따라 이 밴드를 넘어갈 수는 있으니 너무 칼계산을 하지는 말고, 대략적으로 1,040원 부근에서는 달러를 사두는 것이 유리하고 1,240원 부근에서는 달러를 파는 것이 유리하다고 기준을 정합시다.

　2021년 기준으로 환율이 1,040~1,070원 부근이라면 즐거운 마음으로 달러 저축을 한다 생각하고 달러로 환전을 미리 해두세요. 사고 싶은 주식이 없어도 달러로 미리 환전해두면 미국 주식을 더 싸게 살 수 있습니다. 물론 주식을 사지 않아도 나중에 달러를 팔아 환차익을 누릴 수도 있죠.

　그러다 마음에 드는 주식을 발견하면 서서히 매수하세요. 이때도 환율이 낮은 편이라면 계속 달러를 매입하세요. 마음에 드는 주식이 없거나 증시가 힘을 잃었다고 판단되면 주식을 팔아 달러를 쟁여두세요. 보통 달러 강세일 때 돈이 미국으로 쏠리면서 지수가 오르고 달러 약세일 때는 돈이 미국 밖으로 빠져나가면서 신흥국 지수가 오릅니다. 달러 강세일 때는 원화가치가 상대적으로 낮아져 환율이 상승(1,100원 → 1,200원)하고 달러 약세일 때는 원화가치가 상대적으로 높아져 환율이 하락(1,200원 → 1,100원)합니다. 물론 상황에 따라 변수가 많아 꼭 이렇다고 할 수는 없습니다.

이제 주식을 팔아 달러 예수금이 생겼다면 이 돈을 바로 원화로 환전하지 말고 때를 기다리세요. 환율이 많이 상승해 환차익을 충분히 누릴 수 있다면 원화로 환전하세요. 그러면 주식투자로도 돈을 벌고 환전으로도 돈을 벌 수 있습니다.

여기서 달러를 가만히 내버려두면 기회비용이 발생하지 않느냐는 질문을 할 수 있습니다. 좋은 방법이 몇 가지 있어요. 첫 번째는 애초에 장기 우상향을 하는 주식에 투자하면 주식을 사고파는 일 자체가 거의 사라집니다. 코스트코, 스타벅스, 버라이즌, 구글 같은 기업은 10년 넘게 꾸준히 상승하는 모습을 보여줍니다. 환율에 따라 사고팔 타이밍이 나오지 않기 때문에 장기 보유하는 편이 더 낫죠. 두 번째 방법은 배당주에 투자하는 것입니다. 미국이나 영국 주식 중에 배당수익률이 8~10% 정도 나오면서도 지수가 내려가도 웬만해서는 주가가 흔들리지 않는 주식들도 존재합니다. 또한 미국 주식은 분기배당을 하는 경우가 많죠. 3개월만 가지고 있어도 쏠쏠한 배당수익을 낼 수 있습니다. 세 번째는 한국 주식에 투자할 때 방어용 헤지 상품으로 미국 주식을 사용하는 방법입니다. 주식투자는 상승할 때만 돈을 벌 수 있다고 생각하지만 하락할 때도 돈을 벌 수 있어요. 보유한 주식이 하락 가능성이 있을 때 잠시 리스크 관리를 위해 하락 시 수익률이 나는 상품에 일정 비중을 투자해 손실 가능성을 상쇄할 수가 있죠. S&P500, 나스닥 지수가 내려갈 때 수익이 나는 ETF, 증시가 하락하거나 불안할 때 오르는 VIX 지수를 추종하는 ETF에 투자해서 리스크 관리를 어느 정도 할 수 있어요. 이럴 때 보유한 달러를 활용하면 가지고 있는 원화는 투자수익을 극대화하는 공격수로 쓰고 달러는 하락을 방어하는 수비수로 활용 가능합니다.

핵·심·요·약

- 환율이 낮을 때 달러 환전 미리 하기 → 이후 매수
- 매도 후 달러로 보관 → 환율이 높을 때 원화 환전

$

4장

◇　◇　◇

10배 수익을 내는
사람들의
주식투자법

부자가 되려면
돈의 흐름을 알아야 한다

　유행은 돌고 돕니다. 사람들은 신선한 것을 찾다가도 어느덧 지루해하며 과거의 것을 그리워하죠. 복고, 레트로 열풍도 주기적으로 찾아오고, 옛날 가수가 다시 인기를 얻거나 예스러운 디자인의 가게가 주목을 받기도 합니다.

　처음 재테크를 시작하던 시절은 춘추전국시대였습니다. 펀드뿐 아니라 재건축, 아파트, 원룸, 상가, 경매가 동시에 유행했습니다. 예금금리 연 8%인 은행도 있었으니 저축만으로 1억 원을 모을 수 있다는 책도 인기를 끌었죠. 그러다 곧 주식과 아파트 투자가 주목을 받았으나 2008년 글로벌 금융위기를 맞으며 저축과 절약이 인기를 끌었습니다. 대중의 선입견과 달리 2009년부터 주식은 자동차, 화학, 정유가 크게 상승했고, 강남의 부자들은 지방의 소형 아파트를 쓸어 담았습니다. 대중은 주식과 부동산을 의심하고 저축을 최고의 미덕으로 생각했지만 2011년 저축은행이 줄줄이 파산하면서 예금자보호를 받지 못하고 돈을 잃은 사태가 벌어졌죠. 거기에 유럽의 금융위기로 세계 증시가 하락하면서 매달 돈을 받을 수 있거나 소액으로 할 수 있는 원룸, 임대, 중소형 아파트 투자 등이 인기를 끌었습니다.

재테크에 영원한 것은 없다, 돌고 돌고 돈다

──────────────→ 시간이 지나자 그동안 밀렸던 새 아파트 공급이 시작됐습니다. 청약 열기가 점차 뜨거워지고 서울, 지방의 아파트 가격이 번갈아 오르기 시작합니다. 이때부터 전세를 끼고 집을 여러 채 사는 갭투자가 유행합니다.

2015년 당시 3억 5,000만 원이던 서울 공덕의 S아파트가 2020년 10억 원을 넘었지만 선도 세력들은 이전에 많이 정리하고 나왔죠. 2017년에는 소액으로도 큰돈을 벌 수 있다는 말에 비트코인이 시장을 휩쓸었습니다. 불길처럼 번지며 오르던 비트코인은 순식간에 2,700만 원을 넘더니 갑자기 급락하며 수많은 피해자가 생겨났습니다.

하지만 비트코인 열풍에도 아파트 열풍은 꺼질 줄을 몰랐어요. 당시 서점에는 아파트 투자 관련 서적이 매대를 덮었으니까요. 아파트 가격이 너무 올라 살 수 없어지자 재건축, 재개발 투자가 인기를 얻었고 경기도로 번지기 시작합니다. 정부의 규제가 심해지고 대출이 막히자 아파트 가격만 오른 채 투자는 시들해졌죠. 코로나 이후 대중은 주식에 눈을 떴고 그동안 놓친 세월을 보상받으려는 듯이 저돌적으로 투자를 합니다. 그사이 비트코인은 또 인기를 얻기 시작해 2021년 초에 7,000만 원을 찍습니다.

주식, 아파트, 경매, 임대 등 다양한 재테크 방법들이 존재하지만 하나가 영원한 적은 없습니다. 사람들의 인기를 끌어야 수요가 몰리고 가격이 오르며 돈을 버는데 세상의 돈이 한쪽으로만 쏠리면 더 이상 돈이 되지 않죠. 주식이 유행을 타다 지고, 부동산이 유행을 타다 지면서 돈의 흐름을 형성합니다.

돈에 감각이 있는 사람은 유행보다 먼저 가서 돈을 기다리고, 눈치 빠른 사람은 돈이 움직일 때 같이 다니고, 돈복이 없는 사람은 돈의 뒤를 따라다니며 손해를 봅니다. 내가 투자하면 꼭 끝물이었다고 생각하는 사람은 본인의 투자법이 잘못되었다는 것을 먼저 인식하기 바랍니다.

부자가 되려면
돈보다 먼저 가서 기다려야 한다

⟶ 돈보다 먼저 가서 기다리는 사람은 공부를 한 사람들이고 아무도 투자하지 않을 때 홀로 투자하는 용기를 지닌 사람입니다. 돈과 같이 움직이는 사람은 정보를 잘 접하고 주변에 사람이 많습니다. 눈치가 빨라서 돈이 되겠다 안 되겠다를 스스로 판단하고 움직일 수 있죠. 이 영역의 사람들이 수익률은 더 높지만 한번 실수하면 크게 잃을 수 있습니다. 마지막으로 뒷북 전문인 사람은 먼저 공부를 하지 않고 정보도 느립니다. 그리고 겁이 많아 잘 움직이지 않습니다. 모두가 주식에 투자한다고 하면 그제야 안심을 하고 주식을 사기 시작합니다. 얼마 안 되어 끝물이 빠지고 돈을 잃습니다.

주식이 좋은 시기에 부동산은 내렸을까요? 역사적으로 그런 적은 거의 없습니다. 2007년 주식이 좋을 때 부동산도 같이 올랐습니다. 주식이 인기 없던 시절에 부동산 혼자 오를 수는 있습니다. 하지만 예전과 달리 이제 부동산에 투자하려면 수억 원이 들어갑니다. 과거처럼 1억 원 이하의 종잣돈만 마련하면 어떻게 투자를 해볼 수 있는 시기가 아닙니다. 거기에 규제도 거미줄처럼 쳐져 있어서 투자하기 쉽지 않죠. 소액으로 할 수 있는 투자는 대중성이 있어 유행을 타기 쉽습니다. 그런 점에서 보면 이번에 주식 열풍이 사라져도 다시 주식으로 돌아오거나 대중성 있는 소액 투자들이 인기를 끌 것입니다.

돈을 벌고 싶다면 다음 유행할 투자처를 찾아 먼저 돈을 넣으면 됩니다. 재벌이 되고 싶다면 여러분이 새로운 투자를 만들어 유행시키면 됩니다. 암호화폐, 앱, 사이트, SNS, 모임을 만들었던 사람들은 불과 10여 년 만에 세계적인 부자가 되었습니다. 확실한 것은 돈을 버는 방법이 예전보다 다양해지고 있다는 것과 저축이 최선은 아니라는 점입니다.

핵·심·요·약

- 재테크에 영원한 것은 없다. 돌고 다시 돌아온다.
- 돈을 벌고 싶다면 돈의 흐름보다 먼저 가서 기다려라.

오를 종목이 궁금하다면 패턴을 분석하라

투자는 종류에 따라 각각의 패턴을 가지고 있습니다. 가격을 움직이는 요소들이 작용하기 때문이죠. 먼저 대중의 심리는 투자 종류에 상관없이 일정한 패턴을 가지고 있어요. 대중의 무관심 → 언론, 이슈, 실적 발표 → 대중의 관심 → 가격 절정 → 한계 또는 충격 → 대중의 실망 → 하락으로 이어집니다. 그렇기 때문에 대중의 관심이 절정에 달했을 때는 투자의 종류를 막론하고 접근하지 않는 것이 좋습니다.

재고량을 기준으로 패턴을 읽을 수 있어요. 경기가 좋아지면 판매량이 늘어납니다. 주문이 늘면 재고가 줄어들고 기존 생산량으로는 주문을 맞출 수가 없죠. 그래서 기업은 최대한으로 생산하기 시작합니다. 이때 주가가 상승하죠. 그러다 경기 상승의 한계점이 오고 판매는 늘지 않는데 생산량은 이미 늘어 있어서 재고가 쌓입니다. 재고가 쌓이자 기업은 직원을 줄이고 생산량을 줄입니다. 이에 따라 소비재들의 호황과 불황의 사이클이 정해집니다. 이를 1923년 조지프 키친이 만든 키친 사이클(Kitchin Cycles)이라고 부릅니다. 키친 사이클은 40~48개월가량의 주기를 가지며 호황과 불황을 반복합니다. 주로 반도체, 가전, 자동차 등 소비재 중심 제품이 키친 사이클의 영향을 받습니다. 최근에는 무역이 활발해지고 소비량을 미리 파악해서 생산 속도를 조절하기 때문에 키친 사이클이 옅어지고 있죠.

다음은 10년마다 돌아오는 주글라 사이클(Juglar's Waves)입니다. 기업은 신모델 출시, 생산 증가를 위해 설비투자를 합니다. 설비투자는 기업의 운명을 가를 정도로 큰돈이 들어가죠. 그래서 기업들은 경기가 좋아질 때 설비투자를 하고 고용을 늘립니다. 경기가 나빠지면 투자를 멈추고 고용을 줄이죠. 문제는 경쟁사들도 대부분 같은 타이밍에 투자를 하기 때문에 경기가 절정에 있을 때 생산이 크게 늘어납니다. 그래서 가격이 하락하고 공급이 수요를 초과하면서 불황이 옵니다. 이렇게 10년을 주기로 경기 호황과 불황이 번갈아 나타나게 되죠. 대체로 끝자리가 3으로 끝난 해는 불황의 바닥이었고 끝자리가 8로 끝나는 해는 호황의 정점이었습니다.

사이클을 역이용하여
성장하는 기업들

———————————————————→ 여기서 투자의 아이
디어를 뽑자면 불황에 투자를 늘리는 역발상 기업들입니다. 불황
에 접어들면 기업들은 투자를 꺼리게 되죠. 불황이 언제까지 지속
될지 모르기 때문입니다. 설비투자를 하면 2~4년 뒤에 생산이 늘
어나는데 불황에 투자를 하면 호황에 생산이 증가할 가능성이 높
습니다. 경쟁사는 생산을 늘리지 못하는데 우리 기업만 생산을 늘
린다면 어떻게 될까요? 시장점유율과 매출, 이익이 모두 증가하고
주가도 크게 오를 가능성이 높습니다. 보통 한국의 반도체 기업들
이 이런 행보를 많이 보여줬고 성공을 거뒀습니다. 반면 에쓰오일
(S-OIL)은 3년 넘게 5조 원을 들여 고도화 설비를 마쳤지만 완성되
는 타이밍에 미중 무역분쟁으로 불황이 와서 한동안 어려움을 겪
어야 했죠.

17년 주기를 가진 한센 사이클(Hansen Cycle)도 있습니다. 영국,
미국, 일본의 부동산을 분석한 결과 17년 주기로 호황과 불황을 거
친다는 것입니다. 1990년, 2007년에 호황을 누렸고 다음 17년이

되는 해가 2024년입니다. 한센 사이클이 절정에 이르면 부동산과 관련된 기업들의 주가가 상승합니다. 건설, 은행, 철강, 시멘트, 건자재 기업들이 여기에 해당되죠.

이렇게 4년, 10년, 17년의 사이클을 대략적으로 이해하면 다음에 호황과 불황이 언제쯤 올 수 있겠다는 가늠을 해볼 수 있고 더 확률 높은 투자를 할 수 있습니다.

핵·심·요·약

- 투자의 패턴
  대중의 무관심 → 언론, 이슈, 실적 발표 → 대중의 관심
  → 가격 절정 → 한계 또는 충격 → 대중의 실망 → 하락

- 주기 : 키친 사이클(4년·재고량), 주글라 사이클(10년·설비),
  쿠즈네츠 사이클(20년·설비), 한센 사이클(17년·부동산)

호황에도 불황에도 오르는 주식

장사나 사업이 잘될 때 우리는 "경기가 좋다"고 말합니다. 반대로 어려울 때는 "경기가 나쁘다"고 말하죠. '경기'를 다르게 표현하면 '돈'이 잘 돈다고 할 수 있습니다. 나도 잘 벌어서 잘 쓰고, 다른 사람들도 잘 벌어서 잘 쓰면 서로 풍족한 삶을 살 수 있을 테니까요.

경기가 나쁠 때는
경기방어주

──────────────→ 사람들이 돈을 잘 벌지 못할 때는 소비를 줄이게 됩니다. 반드시 써야 할 돈 외에는 소비를 하지 않으려고 하죠. 직장에서 언제 잘릴지 모르고 사업이 언제 망할지 모르기 때문입니다. 이런 상황에서 차를 바꾸고 냉장고를 바꾸는 일이 쉽지 않습니다. 웬만하면 사지 않는 것을 택합니다. 그래도 소비를 줄이지 못하는 것이 있는데요. 여러분들 한 달 소비 내역을 보세요. 보통 자동이체로 빠져나가는 요금들, 고정적으로 나가는 비용, 먹는 데 쓰는 비용은 줄이기가 쉽지 않습니다. 경기가 어려워도 소비해야 하는 것들이죠. 예를 들어 경기가 어려워지면 라면 판매가 줄어들까요? 아니죠. 휴대폰 번호를 해지할까요? 아니죠. 집에 전기를 끊을까요? 아닙니다. 아주 심각한 경제위기가 아닌 한 어느 정도 불황이 와도 소비를 줄이지 않는 업종들은 주가 하락도 크지 않습니다. 식품, 담배, 통신회사가 대표적인 경기방어주입니다. 하나씩 그 이유를 알아볼까요?

호황이 오든 불황이 오든 우리의 위장 크기는 같습니다. 매출 차이가 크지 않다는 것이죠. 외식을 하지 않으니 오히려 가정간편식 판매량이 늘어납니다. 담배도 호황이든 불황이든 판매량이 줄지 않죠. 주류도 마찬가지입니다. 통신, 담배, 주류 주식들은 배당도 높은 편입니다. 매출과 이익도 잘 버텨주면서 배당수익률도 높다 보니 오히려 이 시기에 각광받으며 주가가 오르는 경우도 있습니다.

경기가 좋을 때는
경기민감주

⟶ 이제 겨울이 지나 봄이 옵니다. 사람들의 소비가 살아나고 경기가 좋아지기 시작합니다. 일자리가 늘고 월급이 늘어나서 대중의 소비력이 강해집니다. 그럼 평소에 사지 못하던 것들을 사고 싶다는 욕구가 커지죠. 어떤 것들이 있을까요? 가장 먼저 가전제품이 있어요. 가전, PC, 노트북, 스마트폰 교체가 늘고 반도체 수요가 증가합니다. 그럼 삼성전자, SK하이닉스 주가도 상승하겠죠? 네, 상승합니다.

소득이 늘면 쇼핑과 해외여행 수요도 늘겠죠? 면세점도 수혜를 봅니다. 면세점에서 주로 무엇을 사나요? 네, 명품 판매가 늘어나게 됩니다. 불황기에 차를 바꾸지 못하다가 이제 경기가 살아나니까 해고 위험도 사라져 차도 바꾸고 싶습니다. 자동차 판매가 늘어납니다. 마지막은 집이죠. 돈을 벌면 누구나 내 집 마련을 하고 싶어 합니다. 건설주가 상승하고, 중도금 및 잔금 대출이 증가하니

은행도 수혜를 봅니다. 시멘트, 창호, 가구, 철강 업종 주식도 수혜를 봅니다.

경기가 살아나면 판매가 늘어 공장 가동률이 증가하고 운송량이 늘어납니다. 석유 수요가 늘어 정유주, 석유 가격이 올라갔으니 화학주가 상승합니다. 유가도 올라가고 운송량도 증가했으니 해운 운임이 올라가고 배가 부족해지면서 조선주도 상승합니다. 특히 배는 가격도 수백억에서 수천억 원을 하고 건조 기간도 몇 년이 걸리기 때문에 해운회사가 배 한 척 주문하기가 쉬운 선택이 아닙니다. 그래서 조선주가 상승한다는 것은 경기가 확실히 호황이라는 것을 알리는 신호입니다. 하지만 조선주가 상승할 즈음에는 모든 것이 좋아진 시기입니다. 반대로 말하면 긴 하락이 기다리고 있다는 의미죠.

돈은 경기보다
빠르다

이제 경기민감주와 경기방어주에 대해 이해되셨나요? 경기가 좋을 때는 경기민감주 투자가 유리하고, 경기가 나쁠 때는 경기방어주 투자가 유리합니다. 그런데 실전은 다르죠. 경기의 흐름보다 돈이 먼저 움직입니다. 지금 경기가 좋은 것 같은데 월가는 경기방어주 비중을 늘린다며? 곧 경기가 하락할 것을 암시하는 신호일 수 있습니다. 반대로 지금 경기가 나쁜데 경기민감주의 주가가 상승한다면? 이내 경기가 회복될 것이라고 예상하는 것입니다. 그래서 돈을 벌려면 아직 경기가 좋아질 것 같지 않은 어둠에서 경기민감주에 투자해야 하고, 경기가 나빠질 것 같지 않은 빛에서 경기방어주를 사서 모아야 합니다. 여름이 오면 겨울을 준비하고, 겨울이 오면 여름을 준비해야 합니다.

핵·심·요·약

- 경기가 좋다 → 돈이 잘 돈다 → 소비가 커진다
  → 가전·차·명품·건설·금융·조선·철강·여행·항공·정유·화학
- 경기가 나쁘다 → 돈이 돌지 않는다 → 소비가 줄어든다
  → 식품·담배·통신·온라인쇼핑

경기가 호황이면 주식에, 불황이면 채권에

주식은 기업의 지분입니다. 주식시장이 활황이려면 기업들이 돈을 잘 벌어야 합니다. 기업의 실적이 올라가면 주가가 상승하고 주식투자자들이 늘어납니다. 채권은 국가나 기업에게 돈을 빌려준 증서입니다. 채권은 원금과 이자로 구성되어 있고, 국가나 회사가 망하지 않는 한 약속된 원금과 이자를 받을 수 있습니다. 채권투자자로 높은 이자를 받기 위해서는 국가와 기업이 어려워야 합니다. 즉, 경기가 호황일 때는 주식이 좋고 경기가 불황일 때는 채권이 좋습니다.

주식을 모르는 사람도 경기가 호황인지 불황인지만 알면 돈을 벌 수 있습니다. 경기가 좋은 시기에는 주식형 펀드 또는 ETF에 투자하고, 경기가 나쁜 시기에는 채권형 펀드 또는 ETF에 투자하면 됩니다. 이 원칙만 지키면 돈을 버는 것이 잃는 것보다 쉽습니다.

경기가 나빠지면
왜 채권 가격이 상승할까?

———————————————————→ 그런데 경기가 나빠지면 채권이자가 올라간다는 사실만 알 뿐 왜 올라가는지는 모릅니다. 채권이율이 상승하면 채권 가격은 내려가고 반대로 이율이 낮아지면 채권 가격이 상승합니다. 왜 그럴까요? 한번 예를 들어봅시다. 경기가 나빠지면 국가는 경기를 살리기 위해 금리를 내립니다. 이자 부담이 줄어들었으니 돈을 빌려서 사업하고 투자하라는 것이죠. 그런데 경기가 당장 살아나지 않으니 나중에 또 금리를 인하합니다. 결국 금리가 점점 더 내려가겠죠.

국채 만기이자가 연 2%였는데 경기를 살리기 위해 금리를 0.5% 내렸으니 만기이자는 연 1.5%가 됩니다. 그리고 경기는 점점 나빠지는 추세라 금리가 더 내려갈 것으로 전망하고 있습니다. 그럼 연 2% 이자를 받는 국채는 앞으로 나올 수 없는 귀한 대접을 받게 됩니다. 기존 채권 가격이 상승하는 것이죠. 지금 나온 채권도 앞으로 나올 채권보다는 더 많은 이자를 받을 테니 미리 사두자는 수요가 발생합니다. 그래서 채권시장 전체 가격이 상승하게 됩니다.

반대로 경기침체를 벗어나 경기호황이 올 것이라고 예상되면 금리도 자연스럽게 상승합니다. 채권 가격이 떨어지기 시작한다는 것이죠.

그럼 어떻게 해야 할까요? 주식을 사고 채권을 파는 것이 유리하겠죠? 그래서 세상의 돈들이 채권에서 주식으로 이동합니다. 그럼 주식시장은 어떻게 될까요? 아직 경기호황이 오지도 않았는데 S&P500, 나스닥, 코스피 지수가 빠르게 상승합니다. 사람들은 의아해하죠. "아니 경기가 아직 안 좋은데 지수는 왜 오르는 거야?" 이내 경기지표가 좋아지고 있다는 뉴스, 투자와 고용이 늘고 있다는 뉴스들이 나옵니다. 대중들은 그제야 확신하고 주식투자를 시작합니다. 그럼 주식은 한 번 더 상승을 하고 뒤늦게 주식이 좋다는 소문을 들은 사람들이 투자를 하면서 증시 과열이 옵니다. 이제 우리는 주식을 팔아 채권으로 돈을 미리 옮겨두면 되겠죠? 글로벌 자금은 이렇게 먼저 이동하면서 투자의 흐름을 만들어줍니다.

워런 버핏이 좋아하는
변태채권

─────────────────────────→ 워런 버핏은 원금을

잃지 않는 투자로 유명합니다. 하지만 원금을 잃지 않는 투자라는

말 자체가 모순이죠. 은행 예금을 투자라고 하지는 않으니까요.

투자는 불확실성과 원금 손실 가능성을 내포하고 있습니다. 하지

만 버핏은 예금보다 높은 수익을 내면서도 원금을 잃지 않기를

바랍니다. 그렇다면 주식투자는 버핏에게 적합한 투자가 아니죠.

그런데 버핏은 주식투자로 세계 2위의 부자가 되었습니다. 아주

모순적이죠?

버핏이 굴리는 투자금의 규모가 워낙 크기 때문에 기업들은 어

려움에 처하면 버핏에게 투자를 의뢰합니다. 그런데 생각을 해봅시

다. 돈이 필요하면 은행에 가면 되지 왜 버핏에게 갈까요? 은행에서 원하는 금액만큼 빌려주지 않기 때문입니다. 버핏은 은행이 해주지 않는 투자를 하는 대신 기업들에게 곤란한 조건을 제시하죠.

"투자는 채권으로 하지만 갚을 때는 주식으로 갚아라."

투자계의 하이브리드인가요? 채권으로 투자하고 주식으로 보상받을 수 있다면 원금을 잃지 않는 투자가 가능합니다. 채권은 원금과 이자를 갚아야 할 의무가 있습니다. 반면 주식은 기업에 대한 투자이기 때문에 투자원금을 돌려받을 수도 없고 배당도 정해져 있는 것이 아니죠. 위험성이 있지만 기업이 잘되면 채권보다 더 큰 수익을 낼 수 있습니다.

가장 큰 차이점은 기업이 망하면 채권투자자가 먼저 기업의 자산을 팔아 투자금을 회수할 수 있고, 그다음으로 주식투자자가 투자금을 회수하게 됩니다. 망한 기업이라면 주식투자자가 가져갈 돈이 거의 없을 수도 있겠죠? 그러니 버핏 입장에서 어려운 기업에 주식으로 투자하는 것은 위험한 도박입니다. 하지만 채권은 어느 정도 원금과 이자를 보장받을 수 있죠. 대신 이자만큼의 수익밖에 얻을 수 없습니다. 투자의 매력이 떨어지니 채권으로 투자해도, 주식으로 투자해도 만족스럽지 못합니다.

그래서 버핏은 질레트가 어려울 때 전환사채(CB)라는 독특한 채권으로 투자를 합니다. 5년간 채권으로 연 8% 이자를 받다가 이후에는 채권이 될지 주식으로 전환할지 선택할 수 있는 권리를 갖는 겁니다. 경영 위기에 빠졌던 질레트가 5년 뒤 정상으로 회복하면 주가가 꽤 상승할 것입니다. 그럼 버핏은 헐값이었던 과거 주가로 채권을 주식으로 전환해 큰 수익을 얻게 됩니다. 질레트가 정상화되지 못하고 망한다 해도 채권투자자이기 때문에 투자금을 우선적으로 회수할 수 있습니다. 버핏은 어떤 선택을 했을까요? 5년 뒤에 질레트 주식으로 교환해서 1대 주주가 되었습니다. 그리고 질레트가 P&G에 인수되면서 P&G 주식으로 받게 되었고 P&G는 듀라셀을 버핏에게 주고 주식을 가져옵니다. 이 과정에서 버핏은 꽤 많은 이문을 남겼죠.

2008년 금융위기 때는 뱅크오브아메리카(BOA)가 버핏에게 긴급 SOS를 칩니다. 당시 은행들 상황은 질레트 때보다 더 심각했죠. 전 세계 은행이 망할 것처럼 보였던 시기였으니까요. 버핏은 전환사채(CB)보다 더 강력한 신주인수권부사채(BW)로 투자합니다. BW는 원금과 이자를 보장받으면서 향후에 주식을 살 수 있는 권리까지 있는 채권입니다. 원금 보장과 약간의 이자를 받으면서 기업이 정상화되면 보너스로 주식까지 가져갈 수 있는 최고의 투자 수단이고 기업은 최악의 조건으로 자금을 유치하는 겁니다. 결국 어떤 결과가 나타났을까요? 버핏은 2017년 당시 24달러였던 뱅크오브아메리카의 주식을 7달러에 매수할 권리를 발동합니다.

그렇게 7억 주를 사들였으니 즉시 119억 달러(13조 4,000억 원)의 수익이 발생합니다. 물론 이를 팔지 않고 주식을 더 사들여 뱅크오브아메리카 지분을 10% 이상 소유하는 주요 주주가 됩니다. 현재 뱅크오브아메리카의 주가는 38달러가 넘으니 버핏의 투자는 수십조의 이문을 남긴 셈입니다.

주식투자를 하다 보면 기업이 전환사채, 신주인수권부사채를 발행했다는 뉴스가 나오는데 이럴 경우 투자하지 않는 것이 좋습니다. 은행에서 돈을 빌리거나 회사채를 발행할 여건이 안 될 정도로 재무 상태가 좋지 않다는 것이죠. 질레트나 뱅크오브아메리카는 세계적인 우량기업이니 회생이 가능했던 것이고, 중소기업이 기적적으로 회생할 가능성은 낮습니다.

개인투자자가 전환사채, 신주인수권부사채로 투자할 수도 없습니다. 기관투자자들과 달리 개인투자자들은 안전벨트 하나 없이 위험한 기업에 투자해야 하는 셈이죠. 그래서 다른 안전장치를 찾아야 합니다. 기업의 저력, 기술, 특허, 유통망, 경영자의 능력과 도덕성, 직원들의 의지 등 숫자로 보이지 않는 것들을 믿고 투자하는 수밖에 없습니다.

- 전환사채(CB) : 채권(원금 + 이자) → 주식으로 전환 가능(주식으로
  전환 시 원금 사라짐)
- 신주인수권부사채(BW) : 채권(원금 + 이자) + 신주 인수권(원금은
  존속, 주식 매입 권리)

피터 린치가
10배 수익을 낸 비결

전설적인 펀드매니저 피터 린치는 세계에서 가장 규모가 큰 마젤란펀드를 13년간 운용하면서 연평균 30%에 가까운 수익률을 올렸습니다. 더 대단한 점은 블랙먼데이가 있던 해에도 피터 린치의 펀드는 플러스 수익률을 기록했다는 점이죠. 한 번도 손해를 본해가 없습니다. 어떻게 그런 투자가 가능했을까요?

피터 린치는 펀드매니저답게 국가를 가리지 않고 수천 개의 종목에 투자합니다. 그중에 수익이 10배가 넘는 종목들이 많았기 때문에 평균수익률이 높게 나왔던 것이죠. 피터 린치로 인해 사용하게 된 용어로 '텐배거(tenbagger, 10루타, 10배의 수익률을 낸 종목)'라고 부룹니다. 그럼 10루타 종목은 어떻게 찾아냈을까요?

첫 번째 방법은 턴어라운드 투자입니다. 전망이 어두운 업종에 투자해서 전망이 밝아졌을 때 팔아 수익을 내는 방법이죠. 대중의 무관심과 공포로 인해 주식이 기업가치보다 훨씬 더 저렴한 가격일 때 헐값에 사들입니다. 그러다 다시 호황이 오고 기업의 실적이 크게 상승하면 주가도 더 크게 상승합니다. 매출과 이익이 2배가 되면 주가도 2배가 될까요? 아니죠. 4배, 8배가 됩니다. 앞으로 실적이 더 좋아질 것이라 생각하고 주가가 먼저 가 있기 때문입니다. 그래서 10배 이상 오르는 주식이 나오는 것입니다.

좋은 주식은
생활 주변에 있다

───────────────────────→ 두 번째 방법은 생활 속의 발견입니다. 신제품이 출시되고 사람들이 좋아하면 제품의 판매가 늘어나고 실적이 상승하게 됩니다. 그런데 여기에 시간 차가 존재하죠. 예를 들어 1, 2, 3월에 팔린 실적은 1분기 보고서에 발표되는데 보통 5월 중순에 나옵니다. 겨울에 팔렸던 실적들이 초여름에 공개되는 것이죠. 하지만 1월에 물건이 팔리는 현장에 가면 분위기를 알 수 있습니다. 이미 불타나게 팔리고 있다는 것

을 말이죠. 숫자로 추정할 수는 없지만 실적은 작년보다 훨씬 높을 것으로 예상됩니다. 그럼 주가도 당연히 오르겠죠? 그런데 주가가 아직 오르지 않았다면? 투자해볼 만하다는 신호입니다. 그렇게 피터 린치가 가족들과 쇼핑을 하다가 발견한 주식들이 던킨도너츠, 타코벨, GAP 등입니다.

최근의 사례를 들자면 2019년을 기점으로 식당에서 C맥주가 아닌 T맥주를 찾는 손님이 늘어납니다. 예전에는 식당에서 맥주를 달라고 하면 묻지도 않고 C맥주를 줬죠. 그런데 C를 줄까, T를 줄까 묻습니다. T맥주를 찾는 사람들이 늘었다는 것이죠. 테이블을 보니 C와 T가 혼재되어 있고 젊은 층 위주로 T맥주가 더 많이 보입니다. 회식 중이지만 얼른 주가창을 확인해봅니다. 신기하게도 실적도 아직 나오기 전이고 주가도 이전보다 더 하락해 있습니다. 여기에 배당수익률도 5% 이상으로 쏠쏠합니다. 그럼 어떻게 하면 좋을까요? 사야죠. 2년도 되지 않아 이 기업의 주가는 3배가 됩니다.

세 번째는 작은 기업에 투자하는 것입니다. 대기업은 기관투자자들이 주로 투자하기 때문에 많은 관심을 받고 있는 상태죠. 좋은 대기업의 주식이 저렴한 가격을 형성하기는 어렵습니다. 또한 이미 규모가 성장해 빠른 성장세를 보여주기 어려운 경우가 많죠. 하지만 중소기업들은 규모가 작아 기관투자자들이 대규모 자금 투입을 할 수 없으니 분석 대비 원하는 수익을 가져가기가 어렵죠. 그래서 조사를 제대로 하지 않고 방치합니다. 우리로 치면 갈빗살 같은 셈입니다. 버리자니 아깝고 뼈를 발라 먹자니 살이 많지 않죠. 피터 린치는 귀찮아도 발로 뛰며 이런 기업들을 찾아 투자한 겁니다. 실적이 상승하면 결국 좋은 기업들의 주가는 오른다는 것이죠. 개인들은 자금 규모가 크지 않기 때문에 굳이 대기업 위주로 투자할 이유가 없습니다. 오히려 기관투자자들이 관심을 가지지 않는 작은 기업에서 더 좋은 기회를 발견할 수도 있죠.

피터 린치의 말을 빌리면 보통 2년마다 한 번씩 증시 위기가 온다고 합니다. 비쌀 때 사지 말고 기다리면 좋은 기업의 주식을 저렴하게 매수할 기회가 온다는 것이죠. 투자할 기업들을 정리해놓고 기다리다가 증시 위기가 와서 좋은 기업이 저렴하게 널려 있을 때 주워 담으면 피터 린치처럼 10루타 종목을 만들 수가 있습니다.

핵·심·요·약

피터 린치처럼 10루타 종목을 발견하는 법

1. 턴어라운드 투자 : 무관심과 공포로 뒤덮인 기업의 주식을
   싸게 사서 호황에 비싸게 팔기
2. 생활 속의 발견 : 신제품이 인기가 좋고 기업의 주가가
   아직 오르지 않았다면 매수
3. 작은 기업에 투자 : 기관투자자의 무관심으로 좋은 기업의
   주식이 저렴할 가능성 높음

투자 타이밍, 경기 순환 사이클은 언제일까?

• • •

언제 주식을 사면 좋을까요? 전설의 고수들이 알려주는 공통된 타이밍은 비관적인 전망이 가득할 때입니다. 그때가 주식이 가장 저렴하기 때문이죠. 그런데 업종별로 저렴한 시기가 다릅니다. 반도체나 디스플레이는 호황이 오는 주기가 짧고, 철강, 해운 업종은 2007년 이후로 아직까지 주기가 오지 않고 있죠. 증시가 좋으면 모든 업종이 오를 것이라고 생각하지만 그렇지 않습니다. 서로 호황 사이클이 다르기 때문입니다.

가장 짧은 파동은 키친 사이클입니다. 3~4년 주기를 가지며 재고량의 증감을 기준으로 파동을 보입니다. 재고량이 줄어들면 호황이 오고, 재고량이 늘면 불황이 옵니다. 이후에 공급이 줄고 소비심리가 되살아나면서 호황이 오고 공급 부족으로 재고가 줄다가 기업이 생산을 늘리면 수요보다 공급이 초과하면서 다시 불황이 옵니다. 그래서 3~4년의 단기 사이클을 보이는 것이죠. PMI(구매관리자 지수)나 주요 기업들의 재고자산 증가량을 보면서 파악합니다.

최근에는 2011년, 2014년, 2018년에 고점을 찍었습니다. 그다음 고점은 2021~2022년이 될 것으로 예상됩니다. 전자, 반도체, 스마트폰 등 소비재에서 이런 모습을 보입니다.

중기 파동으로는 8~10년 주기를 가지는 주글라 사이클입니다. 1987년 블랙먼데이, 1997년 아시아 외환위기, 2008년 글로벌 금융위기, 2018년 미중 무역갈등 등 10년마다 증시에 큰 위기가 왔다는 사실을 봤을 때 주글라 사이클을 모르고 투자하는 것은 위험합니다.

주글라 사이클은 기업 설비투자의 변동으로 이뤄지는 주기입니다. 기업은 호황을 예상하면 설비투자를 해서 생산을 늘립니다. 신제품 출시, 대량생산 등으로 기업은 수익성이 좋아지고 고용을 늘립니다. 고용이 늘면 소비가 늘고 경기호황이 옵니다. 하지만 여러 기업들이 투자를 늘리니 경쟁이 치열해지고 더 수익을 내기가 어렵습니다. 고용이 늘지 않고 소비도 늘지 않으니 생산량을 더 늘리기가 어려워지죠. 결국 불황이 오고 주가도 하락합니다. 정유, 화학, 자동차 등 대규모 설비투자가 단행되는 업종에서 주로 볼 수 있습니다.

한국의 주력 수출산업들은 주글라 사이클에 해당되는 경우가 많기 때문에 코스피도 10년 주기로 호황과 불황을 반복하는 모습을 보입니다. 10년으로 보면 주글라 사이클이고 20년 주기로 보면 쿠즈네츠 사이클이 됩니다. 10년마다 설비투자로 사이클이 반복되지만 20년 주기로 보면 더 큰 흐름이 나타난다는 것이죠. 20년 주기로 보면 1987년 블랙먼데이, 2008년 글로벌 금융위기, 다음에는 2028년경 큰 위기가 올 수 있다는 것을 암시합니다.

부동산도
사이클이 있다?

──────────────────────→ 주식도 상승과 하락기가 있듯이 부동산도 상승기와 하락기가 존재합니다. 물론 주식이나 부동산도 장기적으로는 상승하기 때문에 과거처럼 아주 저렴하게 살 수는 없습니다. 하지만 부동산 사이클을 이해한다면 부동산을 고점에 사거나 저점에 파는 일을 피할 수 있죠. 영국, 미국, 일본의 부동산 가격을 파동으로 기록해 만든 것이 17년 주기의 한센 사이클입니다. 1990년, 2007년에 부동산은 정점을 찍었습니다. 그다음 사이클의 정점은 17년을 더했을 때 2024년입니다.

부동산이 호황이면 부동산과 관련된 업종들도 호황을 맞이합니다. 건설, 철강, 해운, 조선, 시멘트, 페인트, 창호, 가구, 건설장비, 금융 업종들도 이때 상승합니다. 특히 건설과 철강업종은 2007년 정점 이후 장기간 주가가 하락하다가 2021년 들어서 상승하기 시작합니다.

이제 사이클을 서로 겹쳐봅시다. 다음 정점은 언제인지 알아볼까요? 키친 사이클은 2021년과 그다음은 2024~2025년에 정점이 올 것으로 예상됩니다. 주글라 사이클은 2025~2027년에 정점이 오고, 한센 사이클은 이보다 약간 빠른 2024년경에 올 것으로 보입니다. 그럼 사이클들이 모이는 슈퍼사이클 주기가 2024~2027년에 몰리게 됩니다. 이때는 제대로 투자하면 부자가 될 가능성이 높은 시기입니다. 공부합시다.

핵·심·요·약

경기 순환 주기

1. 키친 사이클 : 3~4년 단기 사이클, 재고량과 관련,
   다음 정점 2021년, 2025년
2. 주글라 사이클 : 8~10년 중기 사이클, 설비투자와 관련,
   다음 정점 2027년
3. 쿠즈네츠 사이클 : 20년 장기 사이클, 설비투자와 관련,
   다음 정점 2027년
4. 한센 사이클 : 17년 장기 사이클, 부동산 가격과 관련,
   다음 정점 2024년

주가가 1/10토막 나도
후회하지 않는 투자법

• • •

2001년 IT 버블로 인해 미국 경제는 초토화되었습니다. 주가 하락은 말할 것도 없고 실업자가 거리로 쏟아져 나왔죠. 세계 1위 경제대국에 실업자가 넘쳐난다는 것은 굉장히 부끄러운 일입니다. 그래서 연준은 경제를 살리기 위해 기준금리를 6%대에서 1%대로 낮추는 초강수를 둡니다.

그럼 돈은 어디로 갈까요? 고용을 늘리기 위해 기업에도 들어갔지만 주식과 부동산 버블로 향했습니다. 특히 부동산 거품은 상당히 심각한 수준으로 증가합니다. 이 과정에서 부동산과 관련된 건설, 금융, 철강, 해운, 조선 업종이 많은 수익을 거둡니다. 하지만 정상적인 부동산 버블 수준이 아니라 금융공학이 더해지면서 부동산 파생상품이 나오고 2008년에 이 문제가 크게 터지면서 글로벌 경제위기가 옵니다. 정말 미국이 망할 뻔한 수준까지 간 타격이라 부동산 침체는 오래갑니다.

이후 2017년 세계적인 호황이 오면서 증시들이 상승했고 부동산 관련 업종 중 하나인 철강사도 잠시 상승했지만 미중 무역분쟁이 길어지고 코로나19가 결정타가 되면서 주가는 바닥을 찍습니다. 미국 최대 철강사 US스틸은 2007년 당시 주가가 200달러가 넘었지만 팬데믹 시기에 6달러 수준으로 내려가고, 세계 최대 철강사 아르셀로미탈(ArcelorMittal)은 2007년 220달러를 넘었으나 7달러 수준으로 내려갑니다.

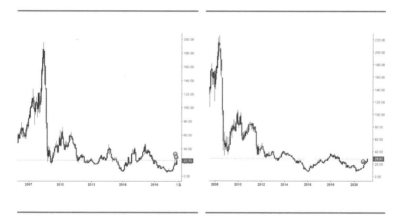

| **:** US스틸 주가 | **:** 아르셀로미탈 주가 |

하지만 주식시장은 새옹지마의 역사입니다. 이러한 위기 덕분에 전 세계는 경제를 살리기 위해 IT 버블 이후처럼 무제한적으로 돈을 풀었습니다. 그 돈은 다시 주식과 부동산으로 흘러갔고 2007년을 향해 가는 모습을 보여줍니다. 2020년 3월 6달러 수준인 US스

틸 주식은 유상증자를 몇 차례 했는데도 불구하고 1년 뒤 주가가 23달러로 4배 가까이 상승합니다 아르셀로미탈도 이 기간 4배 상승합니다. 많이 하락했다는 것은 많이 상승할 수 있다는 것을 의미하죠.

조선사들도 2007년의 영광이 아직 오지 않았습니다. 2007년 세계적으로 호황을 누리다 경제위기로 주가가 크게 하락했지만 2011년 고유가로 인해 주가가 한 번 더 상승했습니다. 하지만 그리스 경제위기 등 경기침체가 지속되자 해운운임이 10년 가까이 오르지 않으면서 기나긴 침체의 늪을 지났죠.

세계 1위 조선사는 현대중공업입니다. 삼성중공업, 대우조선해양도 세계적인 순위를 자랑합니다. 중형선박 분야에서는 현대미포조선이 1위입니다.

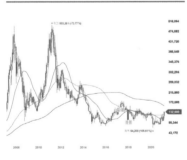

: 한국조선해양 주가

: 현대미포조선 주가

다시 조선업에 호황이 온다면 세계 1위인 이 회사들의 주가도 크게 상승할 겁니다. 10년 넘는 불황으로 경쟁 회사들이 대거 망하고 사라졌기 때문에 공급 부족이 벌어질 수 있기 때문이죠. 여기에 친환경이라는 새로운 변수가 생겼습니다. 탄소 배출을 줄이기 위해 기존의 배들도 스크러버를 설치하거나 LNG 추진선으로 변신해야 하는 상황이 도래한 것이죠. 어차피 배를 교체할 주기도 되었을 뿐더러 환경 기준도 맞춰야 하니 신규 선박을 주문하는 겁니다.

그 외에도 건설, 은행, 증권, 식품, 건자재, 기계 등 화려했던 과거에 비해 주가가 처참한 수준인 주식들이 많이 있습니다. 사양산업이 아니라면 다시 호황은 올 것이고 그중 살아남을 가능성이 가장 높은 업계 1위 기업, 재무구조가 튼튼한 기업에 투자한다면 평범한 주식에 투자한 사람보다 더 많은 수익을 올릴 수 있습니다.

핵·심·요·약

- 주식은 새옹지마
- 크게 내린 것은 다시 크게 오른다.
- 지수가 크게 하락했다면 오히려 좋은 기회가 될 수 있다.

THE FLOW OF MONEY

PART 2

투자의 성공을
결정하는 인문학

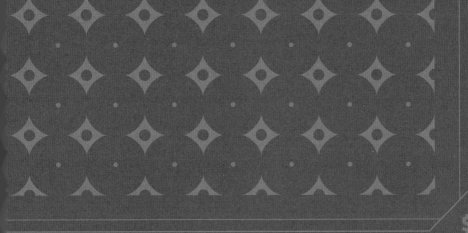

$

5장

◇　◇　◇

유가와
인플레이션

코로나 위기 이후 유가의 흐름

"석유로 미국에 도전하지 마라."

제2차 세계대전 이후의 역사를 한 줄로 표현하면 위와 같습니다. 석유는 쓰고 나면 바로 사라지는 물질이라 재활용을 할 수가 없습니다. 석유 없이 잘 지내고 싶겠지만 석유 없이는 경제활동도 할 수 없습니다. 즉, 돈을 벌기 위해 석유가 필요하고, 석유를 구하기 위해 돈을 버는 구조입니다. 석유로 발전소를 돌리고, 전기를 만들고, 자동차와 선박을 움직이고, 화학제품을 만듭니다. 우리가 쓰는 물건 중에 석유화학 제품이 아닌 것이 없으니까요. 따라서 경제 규모가 곧 석유 소비입니다.

재미있는 사실은 석유 결제는 달러로만 가능하다는 겁니다. 국가들은 열심히 수출을 해서 달러를 벌고 그 달러로 석유를 삽니다. 그래서 순환구조가 발생합니다. 국가는 일을 해서 달러를 벌고, 다시 일을 하기 위해 달러로 석유를 삽니다. 무한 굴레를 돌게 되는 것이죠.

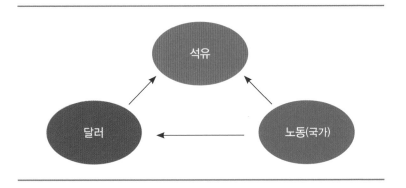

이러면 세상의 모든 돈이 산유국인 중동으로 들어갈 겁니다. 그런데 세계 패권국은 중동이 아니라 미국입니다. 중동 국가들이 석유로 번 돈을 국가 발전이 아닌 다른 곳에 쓰도록 계속 유도하기 때문이죠. 예를 들어 중동에 지속적으로 전쟁을 일으켜 무기를 팔아 중동의 달러를 회수해갑니다. 결국 석유는 중동에서 나오지만 달러 결제를 통해 부(富)는 미국이 쥐고 있습니다.

어떻게 미국이
석유패권을 가지게 되었을까?

──────────────→ 미국과 영국은 1950년
대 이란의 모사데크 정권을 뒤엎고 팔레비 왕조를 세웁니다. 영국
이 이란에 만든 앵글로이란이라는 석유회사를 모사데크가 뺏어갔
기 때문이죠. 1979년 망명 중인 호메이니를 지원해 팔레비 왕조를
무너뜨린 것(이란혁명)도 영국과 미국입니다. 팔레비가 핵발전소 건
설 계획을 꿈꿨기 때문이죠. 중동이 핵을 보유하면 미국이 중동을
컨트롤하기 어려워지니 미국과 영국은 중동의 핵 보유를 극도로
꺼립니다.

당시 워터게이트 사건 이후 헨리 키신저의 주도 아래 미국과 영
국의 석유 카르텔은 1973년 5월에 기획해서 제4차 중동전쟁을 일
으킵니다. 그로 인해 아랍 산유국들의 금수, 감산 조치로 석유 가
격이 4배가량 상승하며 석유파동이 일어나죠. 그럼 누가 돈을 벌
까요? 중동의 산유국들입니다. 사우디는 주체할 수 없는 돈을 벌
어 뉴욕, 런던의 앵글로색슨 은행에 오일머니를 예치합니다.

그 결과 영국, 미국, 중동을 제외한 나머지 나라들은 큰 경제적
타격을 입습니다. 이 시기에 영국, 미국의 패권주의에 대항하던 서
독의 빌리 브란트 정권이 무너지고 채산 가격이 비싸서 개발하지
않던 영국의 북해유전이 개발되면서 부를 가져다줍니다. 한국은

중동 건설 붐이 일었던 시기입니다.

베트남전쟁으로 인한 재정적자, 해외투자로 인한 달러 유출과 무역적자로 1971년 브레튼우즈체제(금-달러 교환)가 무너지면서 미국은 패권을 잃을 뻔했지만 오일쇼크로 인해 독보적인 경제대국이 됩니다.

이란혁명 이후에는 1980년부터 1988년까지 이란-이라크 전쟁이 벌어집니다. 이라크가 이란에 선제공격을 가한 이후 8년 동안 전쟁이 이어졌지만 서방 세계는 다른 전쟁 때와 달리 방치했습니다. 긴 전쟁으로 이라크와 이란은 국력이 크게 손실됩니다. 세계에서 가장 큰 산유국들이 오일로 번 돈을 전쟁에 모두 써버린 것이죠.

이후 후세인은 1990년 쿠웨이트를 기습 점령하며 걸프전을 일으켰지만 미국과 다국적군의 공격으로 패배합니다. 또 한 번 이라크와 중동의 국력을 소모시킨 것이죠. 2003년에는 대량살상무기를 만들고 있다며 이라크를 공격하여 후세인을 처단합니다. 그 결과 미국은 세계 2위 석유 매장량을 확보하고 중동지역에서 패권을 공고히 합니다. 나중에 밝혀졌지만 이라크는 대량살상무기를 개발하지 않았고, 달러 결제가 아닌 다른 국가 화폐로 결제를 시도하려고 했던 것이 화근이었다는 설이 있습니다.

미국이 중동패권에
서서히 손을 떼는 이유

──────────────────────→ 셰일혁명으로 최대
산유국이 된 미국은 2019년 시리아에서 철군했고 2021년 아프가
니스탄 완전 철군을 발표합니다. 이라크에서도 철군을 고려하고
있습니다. 석유 공급원이던 중동이 전략적 요충지일 때는 미국이
패권국임을 공고히 하려고 했지만, 이제는 석유가 그리 귀하지 않
으니 중동을 방치하는 느낌입니다.

2010년 셰일혁명은 미국의 정책을 변화시킬 정도로 중요한 사
건입니다. 퇴적암층을 수평으로 파고 들어가 파쇄해서 석유를 뽑
아 올리는 기술로, 이제 미국은 석유를 수입하지 않아도 되는 것
이죠. 2014년에는 기술이 더 발달해 채산성이 80달러에서 50달러
로 내려가면서 2차 셰일가스 혁명이 일어납니다. 미국은 세계 1위
석유 수입국에서 세계 1위 산유국이 되었습니다. 이것은 석유 공
급이 급증했다는 것이고 유가 하락을 의미합니다. 하나 더, 미국의
중동에 대한 관심이 사라지고 있다는 것을 의미합니다.

석유 가격 하락으로 패권을 잃은 중동 산유국 연합체인 OPEC은
셰일가스 업체를 도산시키기 위해 가격 인하 공격을 합니다. 이 과
정에서 미국의 셰일가스 업체들이 도산을 했습니다. 이후 코로나
위기로 중동과 셰일가스 업체 모두 큰 타격을 받았습니다. 2021년

유가가 60달러를 넘었지만 중동과 셰일가스 업체는 아직 서로의 눈치를 보고 있는 상황입니다. 즉, 경기가 좋아져도 유가가 과거처럼 배럴당 100달러를 넘기기에는 대기하고 있는 공급들이 많다는 것이죠.

여기에 유가를 낮출 요소 중 하나인 친환경 에너지가 있습니다. 탈석유화를 위해 태양광, 풍력, 수소 등 신재생에너지로 전환하는 중입니다. 이제 석유를 쥔 자가 아니라 신재생에너지 공급 체인을 가진 자가 미래를 좌우할 수도 있습니다. 미국은 이 변화에 어떻게 대응해나갈까요?

핵·심·요·약

1. 돈의 흐름 : 석유 구입 → 오일머니 → 미국 → 신흥국 투자
   → 석유 구입
2. 석유 흐름 변화 : 셰일혁명·신재생에너지
3. 미국의 변화 : 중동에 관한 관심이 줄어듦

마이너스 유가?
유가를 예측할 수 없는 이유

"유가를 예측하지 마라."

오랫동안 투자를 해온 사람들은 유가를 예측하려고 하지 않습니다. 유가가 앞으로 어떻게 될 것이라고 예상하고 투자했다가 크게 빗나가는 경험을 많이 했기 때문입니다. 2020년 3월에는 유가 선물이 마이너스로 내려갔습니다. 유가가 마이너스라니? 그런 일이 생길 것이라고 아무도 생각하지 못했죠. 2021년 3월에는 코로나가 끝나지도 않았는데 유가가 코로나 이전보다 더 올라갑니다.

유가를 예측하는 것은 위험한 일이지만 유가가 왜 오르는지, 왜 하락하는지를 알면 방향을 알 수 있습니다. 하지만 경제는 변수 덩어리이기 때문에 유가에 투자하기보다는 경제 전망에 참고로 활용하는 것이 좋습니다.

유가는 왜 오를까? 생각하는 힘을 길러봅시다. 석유 수요처는 발전, 운송, 화학제품으로 나눌 수 있습니다. 더 많은 전기를 만들고 공장을 돌려야 하며, 선박과 자동차의 이동 거리가 늘고 화학제품 매출이 늘어나려면 경기호황이 와야 합니다. 즉, 경기호황은 석유 소비 증가, 석유 가격 상승을 불러옵니다. 반대로 유가가 상승 중이면 경기가 호황으로 가고 있다는 것을 알 수 있습니다. 주식투자를 하는 사람들이 유가를 확인하는 이유가 이 때문입니다. 특수한 경우로 겨울철 난방 수요도 있습니다. 세계 인구 대부분은 북반구에 살고 있기 때문에 겨울철에 난방유 수요 증가로 인해 유가가 다소 오릅니다.

이번에는 수요와 공급 측면에서 보시죠. 공급을 줄이면 유가가 올라갑니다. 공급이 줄어드는 경우는 크게 2가지입니다. 첫 번째는 OPEC이 공급을 줄이기로 결정하면 유가가 상승합니다. 보통 경기가 침체되어 유가가 내려가면 석유 판매가 주요 수입원인 중동국가들은 큰 위기를 겪지만 생산량을 줄여서라도 유가를 올려 어려운 시기를 넘기려고 합니다. 생산량이 줄었기 때문에 총매출이 감소하지만 먼저 유가를 유지하고 향후 경기가 회복되면 생산량을 늘려 총매출을 증가시키는 전략을 씁니다.

총매출 = 유가 × 생산량

유가가 상승하면 새로운 공급이 생깁니다. 영국의 북해유전 개발, 해양플랜트, 바이오에탄올 등 새로운 공급이 추가되면서 유가가 급하게 상승하는 것을 막아줍니다.

석유 공급이 줄어드는 두 번째 이유는 전쟁이나 중동지역의 불안입니다. 석유 공급 대부분을 책임지는 중동지역은 종교적, 지리적 이유로 전쟁이 자주 발생하죠. 전쟁으로 시추시설이 파괴되고 공급량이 줄어들면 유가는 경기와 상관없이 크게 상승합니다. 한때 오일쇼크로 유가가 4배 상승한 적이 있죠. 경기가 좋아졌을까요? 아니죠. 급등은 좋은 신호가 아닙니다. 당시 미국 우량주 주가가 70~80% 하락한 적이 있을 정도로 경제에는 치명적이었습니다.

기술적 관점도 있습니다. 기술력이 좋아지면 공급이 늘어 유가가 하락합니다. 2008년에는 WTI(서부 텍사스산 원유) 유가가 배럴당(1배럴=약 160리터) 140달러를 넘었고 2011년에는 120달러를 넘었으나 그 이후로 경기호황이 와도 유가는 100달러를 넘지 못하고 있습니다. 셰일혁명으로 인해 공급이 늘었기 때문입니다. 2017~2018년 세계 경기호황기에도 유가는 100달러를 넘지 못하고 80달러 수준에 머물렀습니다.

투자자가 보는 유가 등락
주범은 투기세력

───────────────────→ 석유를 미국이 지배했듯이 원유시장도 글로벌 자본 세력이 쥐고 있습니다. 원유는 선물거래를 통해 가격이 움직이는데 금융을 꽉 쥐고 있는 영국, 미국의 글로벌 금융 세력이 원유 상승이 예상되면 먼저 선물을 매집해 가격을 올립니다.

보통 원유만 올라가지 않고 원자재(농산물·금속)도 같이 움직입니다. 2006년을 기점으로 미국 경제가 꺾이고 있었는데도 2008년 원유 가격은 140달러를 넘어갔고 원자재 가격도 사상 최고치를 찍었죠. 당시 워런 버핏도 투기세력을 비난하며 스태그플레이션이 올 수 있다고 경고했습니다.

2020년에는 코로나로 인해 경기가 둔화되었음에도 불구하고 여름 이후 원자재 가격은 몇 년 만에 최고점을 돌파하거나 사상 최

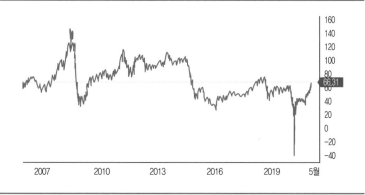

: WTI 유가 차트

고가를 기록했습니다. 이 과정이 자연스럽다고 생각하시나요? 모두가 하락한다고 생각할 때 상승을 해야 투기세력이 이깁니다. 우리가 상상하는 방향으로 유가가 움직이지 않도록 노력하죠. 그래서 유가를 예측하지 말라고 하는 것입니다.

　이러한 이유로 우리는 경기 상황만으로 유가를 예측할 수가 없습니다. 다만 유가의 움직임과 경기의 움직임을 같이 보면서 지금 경기가 상승하는 건지, 하락하는 건지를 가늠해볼 수 있죠. 여기에 환율, 금리, 정책, 외교 관계를 같이 보면 투자의 방향을 잡는 데 정확도를 올릴 수 있습니다.

핵·심·요·약

유가를 움직이는 변수

- 수요와 공급 : 경기호황, 경기불황과 관련
- 기술의 발전 : 셰일혁명 이후 유가 하락세
- 투기세력 : 유가 투자를 어렵게 하는 존재

유가 투자, 주식보다 수익 내기 어렵다

　유가는 세계 경기와 연관이 깊습니다. 경제활동이 활발해지면 유가가 상승하고 둔해지면 유가가 하락합니다. 한국의 주력 기업들은 대부분 경기민감주로 세계 경기호황과 관련이 깊은 편이죠. 조선업, 건설업은 유가와 연관이 매우 깊고, 반도체, 전자, 자동차는 세계 경기가 호황일 때 가격과 판매량이 크게 증가합니다. 세계 경기가 호황이면 각지의 부동산 가격도 상승합니다. 부동산 가격이 상승하니 건설이 활발해지고 건설업, 은행업, 증권업 주가도 상승합니다.

　이런 현상은 비단 우리나라뿐만 아니라 중국, 일본, 대만, 미국

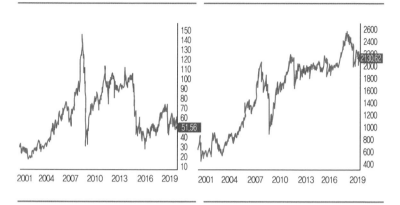

: WTI 유가	: 코스피 지수

모두 동시에 일어납니다. 그래서 유가 차트는 우리나라뿐 아니라 전 세계 증시와 연관이 있습니다.

왼쪽의 WTI 유가 차트와 오른쪽의 코스피 지수가 같은 방향으로 움직이고 있다는 것을 알 수 있습니다. 차이점이 있다면 셰일가스 혁명 이전과 이후로 나뉠 수 있는데 2005~2011년만 보면 코스피 지수가 2배로 상승하면 유가는 4배 올랐고, 코스피 지수가 1/2배로 하락하면 유가는 1/4배로 하락하는 모습입니다. 유가가 지수보다 2배 더 큰 폭으로 움직였다는 것을 알 수 있습니다.

코스피는 2011년 전고점을 돌파해 2017년 2600까지 올라갔지만 유가는 2차 셰일가스 혁명이 있었던 2014년 100달러에서 50달러로 하락한 뒤 다시는 100달러대로 올라가지 못했습니다. 코로나 이후로는 유가가 60달러에서 20달러로 1/3토막이 됐죠. 그런데 지수는 40% 정도 하락했을 뿐이에요. 주식보다 무서운 것이 유가네요.

유가에 투자해 수많은 손실을 냈던
초보 투자자들

──────────────────────→ 유가가 증시보다 더 과하게 반응하고 훨씬 더 높은 변동성을 가지고 있습니다. 위험하지만 반대로 돈을 많이 벌 수도 있다는 뜻이죠. 그런 이유로 2020년 원유 ETF를 통해 돈을 벌려는 투자자들이 많았습니다. 자체만으로도 변동성이 심한 유가인데 여기에 2배를 추종하는 원유 레버리지 ETN에 투자를 합니다. 돈 놓고 돈 먹자는 심리로 달려들었다고 볼 수 있죠. 물론 그들의 예상대로 20달러였던 유가는 1년도 안 돼 60달러를 넘겼지만, 이 상품을 들고 있었던 사람들은 대부분 큰 손실을 봤습니다. '콘탱고(Contango)' 때문입니다. 그럼 왜 콘탱고 때문에 손해가 났는지 설명해볼게요.

우리가 유가에 투자하는 것은 석유 매매가 아니라 앞으로 석유를 살 권리인 원유선물입니다. 원유선물은 매달 결제 만기가 돌아옵니다. 예를 들어 4월에 투자한 원유 ETF는 6월 원유선물을 가지고 있고, 5월이 되면 6월 선물을 팔고 7월 원유선물을 사들입니다. 이 과정에서 '콘탱고'가 발생하는데 6월 선물이 45달러이고 7월 선물이 50달러라고 하면 선물 교체 과정에서 5달러 손실이 일어 납니다. 그만큼 ETF 가격이 하락하죠. 반대로 다음 달 선물 가격이 떨어져 월물 교체에서 수익이 나면 '백워데이션(Back-wardation)'이 라고 합니다. ETF 가격이 상승하겠죠.

- 콘탱고 : 다음 월물 가격이 높은 상태. 예) 3월물 32달러, 4월물 35달 러 → 3월물을 팔고 4월물을 사려면 3달러 비용 추가 발생
- 백워데이션 : 다음 월물 가격이 낮은 상태. 예) 3월물 32달러, 4월물 30달러 → 3월물을 팔고 4월물을 사면 2달러 이익 발생

유가가 출렁이면 ETF 가격은 녹아내립니다. 예를 들어 1만 원인 ETF가 20% 하락하고 다음 날 20% 상승하면, 8,000원이 되었다가 다시 9,600원이 됩니다. 레버리지를 쓸 경우 몇 번만 가격이 출렁 이면 주가 손실은 말할 수 없을 정도로 커집니다. 즉, 유가가 오르 고 내리기를 반복하면 ETF는 가격이 점점 녹아내릴 수밖에 없습

니다.

원자재 ETF는 가격이 횡보 없이 쭉 올라갈 때, 선물 교체 시 콘탱고가 발생하지 않을 때, 단기간에 가격이 크게 상승할 것으로 예상될 때 투자를 해야 합니다. 이런 혹독한 조건에서 수익을 내기란 굉장히 어렵습니다. 그래서 원자재 ETF는 굳이 할 필요가 없다는 것이죠. 그래도 원유 가격에 투자하고 싶다면 정유회사에 투자하는 것이 차라리 낫습니다. 정유회사는 ETF의 단점을 많이 보완해주고 배당수익률이 높아 주가 방어력도 ETF보다는 높으니까요.

국내에서 투자할 수 있는 정유회사 주식은 에쓰오일(S-OIL)이 있습니다. GS칼텍스를 보유한 GS를 사는 방법도 있습니다. 하지만 지주사 주식은 정유사 주식의 상승률만큼 올라가지는 못하기 때문에 정유주 주식인 에쓰오일에 투자하는 것이 더 낫습니다. SK이노베이션도 정유업을 하지만 화학, 2차전지 사업도 같이 하기 때문에 정유주 움직임과는 약간 다른 모습을 보입니다.

미국에는 1위 업체인 엑슨모빌이 배당수익률 6%가 넘는 고배당주로 유명합니다. 2위 업체는 셰브론으로 엑슨모빌과 경쟁사입니다. 버핏이 투자했죠. 옥시덴탈은 원유 채굴 및 정유업체로 셰일가스 1위 기업 애너다코를 인수했습니다. 그래서 주가는 셰일가스 기대감으로 엑슨모빌, 셰브론보다 더 큰 변동성을 보입니다.

유가가 오르면
곡물 가격이 오른다?

유가가 오르면 그동안 볼 수 없었던 현상들이 나타납니다. 가장 큰 특징은 곡물 가격이 같이 상승한다는 것입니다. 먹는 것과 유가가 무슨 상관이냐고 생각하겠지만 많은 연관이 있습니다. 우리나라 기준으로 농사를 생각하면 안 됩니다. 세계를 봐야죠.

곡창지대는 호주, 캐나다, 미국, 남미국가입니다. 이곳은 인구는 적고 넓은 땅에서 농사를 짓기 때문에 기계 비중이 높고 석유 가격 부담이 큽니다. 세계에서 인구 비중이 가장 높은 지역은 아시아입니다. 중국 15억, 인도 14억, 인도네시아 3억으로 전 세계 인구 1, 2, 4위 국가가 아시아에 있죠. 그럼 곡물을 생산하는 곳과 소비하는 곳의 거리가 상당히 멀다는 이야기입니다. 곡식을 운반하는 트럭, 배, 트럭으로 이어지는 긴 운반 거리는 석유 가격의 영향을 크게 받습니다. 게다가 경기가 좋아지면 유가가 오르고 돈육 수요도 늘어 곡물 가격도 같이 상승합니다. 이제 왜 유가가 곡물 가격에 영향을 미치는지 이해하셨죠?

다른 이유는 바이오에탄올입니다. 옥수수, 사탕수수 등 바이오매스를 원료로 하는 바이오에탄올은 고유가 시대가 되면 차세대 에너지원으로 각광받습니다. 유가가 올라 먹을 것을 가지고 기름을 만드니 옥수수와 대두 가격이 상승하죠. 옥수수는 바이오에탄올의 원료이고 대두는 바이오디젤의 원료로 쓰입니다.

2008년 고유가로 인한 1차 애그플레이션(농산물 가격 급등으로 일반 물가가 상승하는 현상)이 일어나자 바이오에탄올 생산이 활발해졌고 옥수수 가격이 급등하는 모습을 보였습니다. 2011년에도 고유가 현상이 벌어지면서 애그플레이션이 나타났습니다. 대두는 바이오디젤 연료로도 쓰이지만 중국이 큰 소비국으로 최근에는 경제가 성장하면서 돼지 사육이 더 증가해 더 많은 대두 소비를 하고 있어 가격이 크게 상승할 가능성이 있습니다.

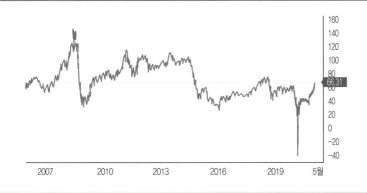

: WTI 유가 차트

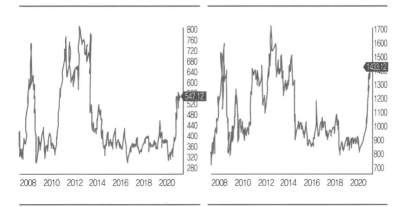

: 옥수수 선물 가격   : 대두 선물 가격

바이오에탄올은
수익성이 있을까?

→ 유가가 150달러를 육박하던 2008년 당시 바이오에탄올은 수익성이 난다고 봤습니다. 전 세계 옥수수 생산량 40%가 바이오에탄올 원료로 사용되기 때문에 유가가 100달러를 넘어서면 옥수수 가격이 연동되어 움직입니다. 이후 원가절감을 위해 유전자변형 옥수수가 나오고 기술이 발달하면서 최근에는 50달러 수준에서 손익분기점이 나옵니다. 유가와 옥수수 가격의 연동이 더 강해졌다고 볼 수 있습니다.

탄소 감축을 위해 우리나라는 경유를 생산할 때 바이오디젤을 의무적으로 3.5% 혼합하고 있습니다. 3년마다 혼합의무 비율을 상향해 2030년에는 5%까지 올라갑니다. 가격은 일반적으로 경유보다 2배가량 비싸지만 외국도 혼합의무 비율을 적용하고 있기 때문에 바이오디젤 수요는 계속 늘어날 것입니다. 바이오디젤에 폐식용유와 동물성기름도 활용되지만 대두가 가장 많은 비중을 차지하므로 대두 수요는 계속 증가하는 상황입니다.

이러한 이유로 유가가 오를수록 곡물 가격도 영향을 받는 상관관계가 만들어집니다. 그래서 유가가 오르면 실적 성장, 배당이 우수한 가공식품 회사에 먼저 투자하고 기다리는 전략을 활용할 수 있습니다.

핵·심·요·약

유가와 곡물 가격의 관계

- 경기호황 : 유가 상승, 돈육 소비 증가, 바이오에탄올 수요 발생

    → 곡물 부족

- 바이오디젤 : 경유 생산 시 3.5% 바이오디젤 혼합 의무

    → 대두 부족

인플레이션,
투자 성공 법칙

   물가 상승은 경제에서 많은 불안을 일으킵니다. 그래서 국가는 물가 안정을 최우선 과제로 삼습니다. 물가가 오를 기미가 보이면 기업과 가계에 부담을 주더라도 금리를 인상해 물가를 잡습니다. 물가 상승은 얼마나 경제에 영향을 미치는 것일까요?

   우선 유가가 상승하면 우리가 쓰는 대부분의 물품 가격이 상승합니다. 석유로 발전을 하고 공장을 돌리죠. 자동차, 배, 기차, 선박을 통한 운송도 석유가 있어야 합니다. 우리가 입는 옷, 플라스틱, 비닐 등 화학제품들의 재료도 석유가 기본이 됩니다. 석유 가격이 오르면 농산물 가격도 오릅니다. 즉, 유가가 상승하면 물가는 자연스럽게 올라갑니다. 이를 인플레이션이라고 부릅니다.

왜 인플레이션 상태가 되었는가에 따라 경제는 견뎌낼 수 있느냐 없느냐로 나뉩니다. 경기가 좋아 장사도 잘되고 월급도 오르면서 물가가 오르면 견딜 만합니다. 은행이자가 늘어도 주식이 잘되고, 부동산 가격이 오르면 별로 부담이 안 되죠.

그런데 반대의 경우가 있어요. 경기는 좋지 않은데 물가가 오르면 이자가 늘고 월급 인상 부담을 느낍니다. 사장 입장에서 재료 가격은 올랐지만 매출이 늘지 않아 직원들 월급을 올려주기도 버겁고 대출이자도 증가해서 부담스럽습니다. 근로자 입장에서도 월급은 늘지 않는데 물가가 오르고 대출이자가 늘어나니 실제로 구매할 수 있는 여력이 감소합니다. 이런 경우 물가가 올라도 경기가 좋아지지 않고 투자 감소, 소비 감소로 이어집니다. 그럼 기업은 성장이 꺾였기 때문에 주가가 하락할 수 있습니다. 물가가 올라 인플레이션이니까 경기호황으로 가고 있다고 단순하게 판단하면 투자 손실로 이어질 수 있는 것이죠.

보통 경기호황에는 유가가 상승하고 물가도 오르는 인플레이션을 보이고, 경기불황에는 유가와 물가 모두 하락해 디플레이션 우려를 보입니다. 그런데 스태그플레이션은 두 상황의 단점만 나타나는 것입니다. 경기불황에 물가 상승이 발생하는 상태가 스태그플레이션입니다.

스태그플레이션 = 스태그네이션(stagnation) + 인플레이션(inflation)

= 경기침체 + 물가 상승

미국도 몇 번의 스태그플레이션 위기를 겪었습니다. 1969년 ~1970년 미국은 베트남전쟁, 해외투자로 인한 달러 유출, 재정적 자로 경기침체와 물가 상승이 동시에 나타난 것이죠. 그 결과 당시 금 1온스를 35달러로 교환해주던 금본위제를 포기하며 경제 충격이 일어납니다. 금을 바탕으로 달러를 기축통화로 사용했는데 이제 금 교환과 상관없이 달러를 기축통화로 사용하라고 하니 수천 년 넘게 금을 화폐로 생각했던 금융사회는 큰 충격을 받습니다. 금으로 교환되지 않으니 달러의 가치는 수직 하락합니다.

1973년 1차 오일쇼크가 발생합니다. 중동지역의 불안과 전쟁으로 유가가 4배 이상 상승하고 물가도 엄청나게 상승합니다. 브레튼우즈체제(금본위제)가 붕괴한 상태에서 물가마저 솟아오르니 전 세계의 주식과 부동산이 크게 하락합니다. 당시 미국의 대표 우량주도 70% 이상 하락하고 한국의 주식과 부동산도 2년 넘게 큰 하락을 보입니다. 그런데 아이러니하게도 오일머니가 영국, 미국의 은행으로 예치되면서 미국은 달러 가치가 상승하고 달러를 기축통화로 공고하게 만드는 효과를 봤습니다.

1979년 이란혁명으로 이란의 석유 수출이 정지되면서 2차 오일쇼크가 발생합니다. 하지만 이번에는 모든 주식이 하락하지 않습니다. 내성이 생긴 걸까요? 인텔은 1차 오일쇼크에서 17% 하락했지만 2차 오일쇼크에는 71% 상승합니다. 반면 코카콜라는 1차 오일쇼크에서 65% 하락했고, 2차 오일쇼크 때는 28% 하락합니다. 1차 때보다 내성이 생겨 전반적으로 하락 폭이 적었던 것입니다. 제품 가격을 올릴 수 있거나 유가의 영향이 없는 주식은 상승하고, P&G, 코카콜라, 맥도날드 같은 소비재와 뱅크오브아메리카, JP모건 같은 금융주는 하락했습니다.

2000년대 초반 닷컴버블이 무너지고 실업자가 무더기로 나오자 미국은 경기를 살리기 위해 금리를 6%대에서 1%대로 낮춥니다. 그러자 부동산과 주식 버블이 일었고 경기호황을 맞이했습니다. 하지만 부동산의 심각한 과열은 2006년을 정점으로 문제가 발생하기 시작했고, 경기도 이 시기를 정점으로 꺾인 상태였습니다. 그런데 유가는 140달러를 넘고 원자재 버블이 심각한 수준이 됩니다. 결국 2008년 미국의 투자은행 베어스턴스, 리먼브라더스가 무너지며 세계 증시 지수는 반토막이 나버립니다.

그러므로 투자자는 유가만 보고 투자하지 않습니다. 유가의 흐름과 경기의 흐름이 일치하는지를 확인합니다. 만약 경기가 바닥,

유가도 바닥인 상태에서 둘 다 상승하기 시작하는 구간이라면 이때는 주식이든 부동산이든 투자해도 좋은 시기입니다. 반대로 경기는 상승하지 않고 오히려 하락하고 있는데 유가만 상승한다면 투자를 잠시 멈추고 상황을 지켜보는 것이 내 돈을 지키는 방법입니다.

핵·심·요·약

유가 상승은 물가 상승으로 이어짐

- 경기호황 : 물가 상승 vs 경기불황 : 물가 하락
- 스태그플레이션 : 물가는 상승·경기는 불황(단점만 모은 것)
  (*사례 : 1차·2차 오일쇼크, 2008년 금융위기 직전)

고유가 vs 저유가 투자전략

• • •

"유가가 오르면 정유주를 사라."

이런 말을 많이 들어봤을 겁니다. 그런데 꼭 그렇지는 않아요. 상식적으로 생각해봅시다.

매출액 = 단가 × 수량

유가(단가)가 오르면 판매량(수량)은 어떻게 될까요? 유가가 올랐지만 판매량은 감소할 수 있습니다. 그러면 매출액이 줄어들고 정유주 주가도 하락하죠. 반대로 경기가 좋아져서 판매량이 늘어나는 상황에서 유가가 상승하면 매출액과 이익이 증가합니다. 이럴 경우는 정유주 주가가 상승합니다. 즉, 경기불황으로 판매량이 감

소하고 있는데 유가가 오르면 매출액 자체는 감소할 수 있고 유가 스프레드(마진)가 감소해서 이익도 증가하지 못할 겁니다. 이런 경우는 유가가 올랐다고 좋아할 수 없습니다.

유가가 갑자기 올라도 문제가 됩니다. 우리는 정유회사가 주유소에 공급하는 매출이 가장 크다고 생각하겠지만 주유소로 들어가는 매출 비중은 절대적이지 않습니다. 대부분 기업과의 거래를 통해 매출이 발생합니다. 유가가 천천히 상승하면 거래처에 가격 인상 통보를 할 여유가 생깁니다. 지금 오른 가격보다 앞으로 오를 가격까지 반영해서 통보하기 때문에 수익이 높습니다. 하지만 유가가 급격히 상승하면 가격 인상 통보를 해도 인상된 가격으로 받기 전에 일어난 매출에서는 손해가 납니다. 이런 손실을 방어하기 위해 선물 헤지를 하지만 결국 손실이 납니다. 그래서 유가의 상승 속도도 중요합니다.

유가가 떨어지면 정유주와 화학주 주가도 내려갈까요? 꼭 그렇지는 않습니다. 유가가 빠르게 하락하면 재고 손실이 커서 손해가 큽니다. 유가가 천천히 하락하더라도 경기가 좋아서 정유제품, 화학제품의 수요가 늘어나는 추세라면 제품 가격은 그대로인데 원가만 하락한 상태가 되기 때문에 마진이 늘어납니다.

결국 유가가 급등 또는 급락하지 않는다는 전제하에 정유, 화학회사의 경기가 좋아지고 있는가, 나빠지고 있는가가 마진을 좌우하고 주가에 영향을 준다는 것을 알 수 있습니다.

유가가 오르면
돈은 어디로 흐를까?

⟶ 유가가 오르면 직관
적으로 석유와 관련된 산업의 기업들에게 좋습니다. 정유, 화학,
윤활유 회사들은 유가 상승의 수혜를 직접적으로 받죠. 대표적인
것이 2009~2011년 차화정 시대입니다. 경기회복, 유가 상승, 고환
율이라는 최상의 상황에서 자동차, 화학, 정유 회사의 주가가 무섭
게 오르던 시기였는데요. 업계 1~3위 기업들을 중심으로 보면 당
시 주가가 7~15배가량 상승했습니다. 매출과 이익이 늘어나니 배
당금도 늘었습니다. 하지만 2011년 유럽 경제위기로 유가와 경기
가 하락세로 꺾이면서 주가도 빠르게 가라앉았죠. 그래서 정유, 화
학 업체는 장기투자로 적합한 주식들이 아닙니다.

이번에는 간접적으로 생각해봅시다. 유가 상승은 경기회복, 유
동성 증가를 의미합니다. 반도체, 제조업, 소비재, 사치품, 여행, 관
광, 자동차, 면세점 업종 모두 좋을 수 있습니다. 경기가 회복되고
있으니 유가가 오르고, 이 시기가 길어지면 경기는 과열되고 실업
률은 낮아지고 임금과 물가가 올라갑니다. 소득이 늘어나고 사업

이 잘되니 사람들의 씀씀이는 커지고 비싼 가전제품을 바꾸거나 차를 새로 사겠죠. 벌이가 괜찮아지니 여행 수요도 늘어나고 항공사, 면세점, 백화점, 카지노 기업들의 실적도 좋아집니다. 소득이 점차 늘어나면 사람들은 내 집 마련 욕구가 생기는데 대출을 받아도 지금의 소득으로 충분히 갚을 수 있다고 생각하기에 주택 구매 수요도 늘어납니다. 주택건설을 위주로 하는 건설회사, 시멘트, 페인트, 창호, 가구 회사들도 수혜를 볼 수 있습니다.

유가가 상승하면 중동국가들이 돈을 법니다. 오일머니라고 불리는 돈들은 인프라 공사에 열을 올립니다. 지금은 석유가 에너지의 중심이지만 앞으로 에너지의 축이 바뀌면 석유 가격은 하락하고 국가의 먹거리가 사라지기 때문에 돈을 잘 벌 때 새로운 사업에 과감히 투자를 합니다. 그렇게 만들어진 도시가 금융 허브 두바이죠. 또는 사막에 관개수로를 만들어 농지로 바꾸는 사업도 추진하고, 원유를 가공해서 팔기 위해 정유공장, 석유화학 공장도 짓습니다. 유가가 올라가면 육지를 넘어 바다 밑에 있는 석유를 퍼 올리기 위해 해양플랜트도 짓습니다.

그래서 수혜를 보는 업종이 건설, 조선사입니다. 중동의 오일머니는 인프라 개발에 투자되고, 그 인프라 개발권을 한국의 건설회사들이 주로 따냅니다. 중동국가들과 오랫동안 거래를 한 한국이기에 유가 상승의 수혜를 누리고 있습니다. 그래서 유가가 오르면 과거에 중동 프로젝트를 수주했던 대형 건설사들에 주목할 필요가 있습니다. 주택 비중이 높은 건설사는 수혜가 크지 않기 때문에 사업보고서를 보면서 토목, 플랜트 비중이 높은 기업들에 투자해야 합니다.

유가 상승은 경기 호조와 같은 의미로 볼 수 있고 기업들은 유가가 더 오르기 전에 미리 기름을 사두기 위해 원유 주문을 서두릅니다. 이 경우 유조선 부족 현상이 벌어지고, 그리스 선주들은 유조선을 빌리거나 중고 선박을 사려고 합니다. 그 결과 유조선 용선료(렌탈)와 중고 선박 가격이 상승하고, 신규 선박과 가격 차가 급하게 줄어들면서 신규 선박 주문도 쏟아집니다. 세계 1, 2, 3위 조선소를 가지고 있는 한국이 가장 수혜를 보죠. 이 시기에는 경기 회복으로 물동량이 늘어 해운운임도 증가하기 때문에 해운주 주가도 상승합니다.

유가가 하락하면 2가지 경우에 따라 대응이 달라집니다. 유가가 하락하지만 경기가 좋을 때는 정유, 화학, 윤활유 업체들의 마진이 좋습니다. 거기에 연료 소비가 큰 항공사, 해운사 이익이 늘어납니다. 유가는 유연탄 가격에도 영향을 미칩니다. 고로를 가동해야 하는 제철소, 시멘트 회사는 유가가 내려가면서 수익이 늘어납니다.

일반적으로 유가 하락은 경기 하락을 의미하기 때문에 대부분 유가 하락 시 주가가 하락합니다. 이럴 경우는 경기민감주가 많은

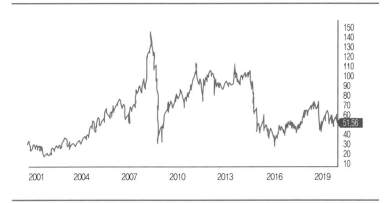

: WTI 유가

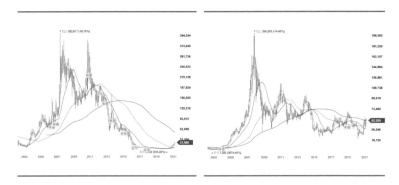

: HMM해운 주가　　　　　　　　　　　: 현대미포조선 주가

코스피 투자를 멈추는 것이 좋습니다. 유가 하락, 경기 수축에도

저유가 수혜를 받는 기업은 한국전력입니다. 전력 판매량은 경기

불황에도 꾸준하기 때문에 매출이 안정적이고 유연탄, 원유, LNG

가격이 하락했기 때문에 마진이 늘어납니다. 그래서 순이익이 늘어나고 배당금이 늘어납니다. 2015년 당시에는 배당수익률이 6.2%를 기록했습니다. 하지만 신재생에너지 비중을 늘리고 있어 발전단가가 지속적으로 높아질 것으로 예상되기 때문에 이제는 유가가 하락해도 과거처럼 엄청난 순이익을 안겨줄지 알 수 없죠.

고유가·태양광·전기차에 투자할 때

• • •

유가가 상승하면 경기호황과 관련 없이 성장성이 돋보이는 기업들이 등장합니다. 유가가 상승할수록 휘발유 가격이 오르고 차를 몰고 다니는 것이 부담스러워지죠. 이럴 때 전기차는 낮은 유지비로 소비자들에게 강한 매력을 어필합니다. 과거에는 전기차 충전소가 부족해 불편하다는 인식을 줬지만 전기차 충전소는 계속 늘어나고 충전 시간은 빠르게 줄어들고 있습니다. 충전에 대한 불편함이 사라지면 전기차는 고유가 시대에 굉장히 매력 있는 선택이 될 겁니다. 국가에서 사라고 장려하지 않아도 알아서 전기차를 사는 수요가 크게 증가하겠죠.

수소차는 승용차로서 매력이 전기차보다 덜합니다. 수소연료의 가격이 크게 하락하지 않는 한 매력이 없는데 수소연료 가격을 낮추려면 대규모 공장을 증설해야 합니다. 이런 부담을 떠안고 진행할 회사가 많지 않습니다. 일본은 호주에서 갈탄을 수입해 수소연료를 만드는데 유가가 올라가면 갈탄 가격도 상승하는 구조입니다. 그렇기 때문에 승용차처럼 대중화되기보다 상용차, 수소연료 선박, 건물 분야에서 대중화가 일어날 수 있습니다.

전기차 시장은 기존의 내연자동차 시장의 연장선이 아닙니다. 예를 들어 포드, 현대, 기아, 토요타가 전기차에서 지금처럼 절대 강자 위치를 차지할 수 없습니다. 전기차는 내연기관보다 생산라인이 단순합니다. 부품 소모도 적죠. 이것은 신생업체들도 좋은 전기차를 만들 수 있고, 경쟁이 치열해질 수 있다는 것을 말합니다.

그럼 기술에서 우위를 점하기 어려운 전기차 시장에서 경쟁력은 무엇일까요? 강력한 브랜드, 디자인, 실용성, 편의성입니다. 그중에서도 브랜드가 가장 강한 경쟁력이 될 것입니다. 스마트폰 시장도 이미 기술이 정점을 이루고 있습니다. 좋은 부품을 사다 조립해서 만들면 스마트폰이 됩니다. 초기에는 춘추전국시대가 벌어졌지만 지금은 애플이 수익성에서 1위를 달리고 물량에서는 삼성전자가 1위를 하고 있죠. 처음에는 기술, 기능 → 디자인 → 편의성 → 브랜드로 경쟁이 변화합니다. 애플은 전 세계 젊은 층으로부터 강력한 브랜드를 구축했고, 그 격차를 계속 벌려가고 있습니다. 따라서 전기차에 투자한다면 강력한 브랜드를 가진 1위 기업에 투자하는 것이 유리한 선택입니다.

그런데 전기차 시장은 자율주행차로 가는 임시 단계로 보는 의견이 많습니다. 이미 자율주행이 가능한 차들이 팔리고 있기 때문에 전기차는 하나의 도구가 될 것으로 예상되고, 실제로는 자율주행차가 시장을 장악할 겁니다.

브랜드 가치가 높은 자율주행 전기차는 어떤 회사가 될까요? 테슬라, 구글, 애플 등의 업체가 강력한 경쟁력을 갖출 것으로 보고, 나머지 국가들도 자국을 대표하는 업체들이 시장을 차지할 것으로 예상됩니다. 그런 면에서는 자국 인구, 배후 인구를 많이 둔 나라들이 커다란 시장에서 유리한 위치를 선점하고 있기 때문에 중국, 인도에서 자율주행차를 장악할 수 있는 기업, 동남아에서 절대적 위치를 차지하고 있는 일본 기업도 눈여겨볼 필요가 있습니다.

유가가 오를수록
신재생에너지에 투자하는 이유

───────────────────────→ 고유가 시대로 갈수록 신재생에너지 수요는 커지게 됩니다. 수요가 늘어나니 생산을 늘리게 되고 단가는 더 하락하죠. 이런 선순환 구조를 거치며 풍력, 태양광 등의 발전 속도도 가속이 붙습니다. 특히 산업용, 가정용 모두 가능하고 장소에 구애받지 않고 설치 가능한 태양광 시장이 가장 빠르게 성장하고 있습니다.

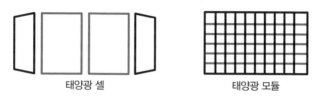

태양광 셀 생산 과정

실리콘   잉곳   웨이퍼

태양광 모듈 생산 과정

태양광 셀   태양광 모듈

출처 : 한화큐셀 홈페이지

태양광 발전 제조 방법은 먼저 폴리실리콘을 만드는 것으로 시작합니다. 폴리실리콘을 녹여 원기둥 모양의 잉곳을 만들고, 잉곳을 얇게 절단한 것이 웨이퍼죠. 이 과정까지는 기술력보다 누가 얼마나 더 싸게 만드는가가 핵심입니다. 다음 단계인 셀과 모듈은 기술력을 요구합니다. 웨이퍼에 반도체 회로를 새기면 셀이고, 이 셀들을 연결하여 유리 패널과 프레임으로 만든 것이 모듈입니다.

태양광 시장은 친환경 정책과 맞물려 미국, 중국, 유럽, 한국 모두 커지고 있는 추세입니다. 수요가 계속 늘어나기 때문에 전망이 밝고 시장을 장악한 기업들의 주가 상승세도 뚜렷하죠. 하지만 규모의 경제를 통해 더 싸고 많이 생산할 수 있는 중국 업체들이 전 세계 시장을 장악하고 있어 몇몇 기업을 빼고는 중국 기업에 투자할 수밖에 없습니다.

태양광 관련 주요 기업은 10개도 넘지 않아 충분히 공부할 시간이 있고 비교하기도 쉽습니다. 태양광 제품은 브랜드보다 가격이 더 중요한 경쟁력이기 때문에 시장점유율 1위 기업, 생산량 1위 기업이 승기를 가져갈 가능성이 높죠. 힌트를 얻자면 지금도 증설하는 중이기 때문에 현재 생산량 1위는 의미가 없고, 앞으로 1위를 할 기업을 찾아 투자하는 것이 성공률을 올리는 방법입니다.

단계	주요 기업
폴리실리콘	GCL, 통위, OCI, 다초 뉴에너지
잉곳	징코솔라
웨이퍼	GCL, 융기실리콘자재, 징코솔라
셀	통위, 징코솔라, 한화솔루션
모듈	통위, 융기실리콘자재, 한화솔루션

대부분 기업들은 태양광 매출이 100%에 가까운 데 반해 통위는 민물고기 사료회사로 성장해 태양광으로 확장했습니다. 태양광 매출 외에 사료로 인한 매출 비중이 커서 시장이 안 좋을 때도 다른 분야의 이익으로 버티는 힘이 좋고, 시장이 좋을 때는 덜 오를 수

있습니다.

투자자는 안정성과 공격성 중 하나를 택해야 합니다. 안정성이 높은 주식이 3배 오를 때 공격성 높은 주식은 10배 오르는 경우도 많이 봤습니다. 그래서 해당 업종이 확실히 성장할 것이라는 믿음만 있다면 공격성 있는 주식도 같이 사두는 것이 더 큰 수익을 낼 수 있는 방법입니다.

6장

부의 차선에
오르려면
심리부터 파악하라

생각만 하고 실천하지 못하고 있다면

무엇이든 시작할 때는 잘될 거라고 생각하죠. 그것이 창업을 하는 원동력이 되기도 합니다. 하지만 내가 원하는 대로 이루어질 수만은 없습니다. 무언가를 시작하기 전에 잘못될 경우도 미리 생각해두면 실패를 예방할 수 있습니다.

문제는 생각을 하면 할수록 자신감도 사라진다는 것이죠. 자신감이 사라지면 투자나 사업을 시작하기 어렵습니다. 워런 버핏과 피터 린치도 투자를 하기 위해서는 배짱이 필요하다고 말했죠. 그런데 오래 고민한다는 것은 확신을 갖지 못한다는 뜻입니다. 확신 없이 걱정만 길어지다 보니 자신감이 사라지고, 포기하면 오히려 걱정이 사라지고 마음도 편하겠죠. 사람은 도전하지 않고 현재에 머무를 때 편안함을 느낀다는 것입니다. 그런데 도전하지 않고서는 어떤 것도 얻을 수가 없어요. 실패를 하더라도 시작을 해야 현재를 벗어나 부자가 될 수 있습니다.

제 경험을 이야기해보면 2008년 일본에 갔을 때 빙수에 꽂혔습니다. 당시 일본의 빙수는 얼음 자체가 단맛이 났어요. 한국 팥빙수는 얼음이 달지 않았고 단팥 시럽을 뿌려서 단맛을 냈죠. 얼음과 팥이 따로 놀아 호불호가 있었습니다. 이후에 조사와 연습을 통해 일본처럼 얼음을 달게 만드는 방법을 알아냈고 빙수가게를 차리면 돈을 벌 수 있겠다는 확신이 들었습니다. 실패하지 않기 위해서 카페 위치, 콘셉트, 메뉴 등을 고민하고 있었는데 한 가지 큰 문제가 떠올랐습니다.

"겨울에는 장사 안 할 거야?"

지인의 한마디에 그동안 고민했던 사업 아이템은 그대로 무너져 내렸습니다. 생각해보니 겨울에 빙수를 찾는 사람은 없을 것 같습니다. 가게는 평일 낮과 저녁, 주말 3교대로 손님이 유지되고 계절의 영향도 최대한 덜 받아야 일정한 수입을 얻을 수 있습니다. 그런데 빙수가게는 여름과 겨울의 격차가 너무 크죠. 해결책을 찾으려고 했지만 결국 찾지 못하고 빙수가게를 포기했습니다.

그리고 얼마 뒤 설빙이 서울에서 대박을 치더니 10년 만에 매장

수 450개가 넘는 대형 프랜차이즈가 되었습니다. 시도를 한 사람은 엄청난 부를 거머쥐었고 시도하지 않은 사람은 아무것도 손에 쥐지 못한다는 사실을 깨달았죠.

실제로 투자에서 경우의 수를 계산하고 실패할 확률을 따지면 잘될 것 같지만 그때는 이미 좋은 타이밍을 놓치는 경우가 많습니다. 내가 좋다고 생각하면 상대도 좋다고 판단하기 때문입니다. 먼저 시작하는 사람이 기회를 잡게 된다는 것이죠.

설빙 이후에 빙수가게를 차렸다면 성공했을까요? 아니라고 생각합니다. 사업에서 선점 효과는 매우 큽니다. 제2의 ○○이 되어서는 1위를 이길 수 없죠. 투자도 먼저 들어간 사람이 저렴하게 살 수 있습니다. 일일이 확인하고 천천히 들어가면 비싼 가격을 주고 사야 합니다. 결국 시간이 돈이라는 이야기입니다.

처음에는 '이게 오를까?'라는 의심이 많이 들기 때문에 불안하지만 아직 가격이 오르지 않아 손실 폭도 적습니다. 반면 이미 한창 가격이 오르면 '이게 오르는 것이 맞구나!' 하는 확신을 갖고 투자할 수 있지만 이미 올라 비싼 가격에 사야 하기 때문에 하락하면 큰 손실을 입을 수 있습니다. 즉, 눈으로 보고 안전하다고 생각하고 들어갈 때는 이미 비싸게 샀기 때문에 오히려 더 위험한 투자일 수 있다는 것입니다. 그래서 속도와 안정성은 반비례합니다.

기회를 놓치치 않기 위해
필요한 습관

$\longrightarrow$ 생각을 많이 하는 편이라면 생각을 좀 더 빠르게 하는 연습을 해봅시다. 시작에 대한 두려움을 고민이라는 핑계로 미루지 말고, 그 생각을 끝내겠다는 일념으로 빠르게 생각하는 것이죠. 장점은 무엇이고 단점은 무엇인지, 단점을 해결할 방법은 무엇인지, 해결할 수 없다면 포기하는 것이 나을지, 아니면 기존의 방식을 깨고 새로운 방식으로 적용할 수 있는지를 빨리 생각해야 합니다. 고민하는 시간은 하루면 충분할 때도 많습니다. 일주일이면 사업을 할지 말지 결론을 낼 수 있습니다. 빨리 생각해보고 장점이 단점보다 크다고 판단되면 자신감이 사라지기 전에 시작해보는 것이 좋습니다.

예전에 임대업을 해보고 싶어 작은 아파트를 산 적이 있습니다. 처음으로 맞닥뜨린 문제는 인테리어였어요. 셀프 인테리어를 해야 월세를 조금이라도 더 받을 수 있는데 어떻게 해야 할지 전혀 몰랐습니다. 블로그를 보고 사진대로 하나씩 따라 해봤지만 계속 시행착오만 겪을 뿐이었습니다. 지금은 혼자 2일이면 할 수 있는 일을 그때는 한 달 반이 걸렸으니 안 하는 것이 더 효율적이었죠.

하지만 이후에는 어떻게 되었을까요? 집 하나를 혼자 인테리어하는 데 열흘 걸렸습니다. 도배, 장판, 조명, 페인트, 시트지, 문고

리, 콘센트, 베란다 확장, 실리콘 시공까지 전부 다 할 줄 알게 되었죠. 한 달 반 동안 첫 집을 가지고 혼자 해보지 않았다면 인테리어를 업체에 맡겨야 했을 것이고, 임대수익을 제대로 내지 못했을 것입니다. 그리고 계속 비싼 인테리어 비용을 지불해야 했겠죠. 문제를 해결한 이후로 인테리어와 임대를 반복했고 남보다 높은 임대수익을 낼 수 있었습니다.

그래서 내린 결론은 '부지런히 움직이기 → 빠르게 고민하기 → 시작하기 → 문제 만나기 → 고민하기 → 해결하기 → 배우기' 단계 순으로 진행하는 것입니다. 물론 빠른 판단을 할 수 있다는 전제하에 가능한 일들이지만 일단 시작해야만 진짜 문제들이 무엇인지 알 수 있고 집중해서 풀어나갈 수 있습니다. 시작하기 전에 이런 문제들을 만났다면 두려워서 아예 시작조차 하지 않았을지 모릅니다.

시작을 하고 나서 두려움에 맞닥뜨리기를 추천합니다. 그 두려움을 이겨내면서 문제 해결력을 기르고 부를 늘려가는 것입니다. 우선 작은 것부터 시작하면서 경험과 용기를 키워나가는 것이 좋겠죠. 다시 한 번 말하지만 투자든 사업이든 머리보다는 배짱이 더 중요합니다.

핵·심·요·약

- 문제를 오래 고민할수록 자신감이 사라진다.
- 눈에 보이고 나서 확신을 가지면 먹을 것이 없다.
- 판단을 빠르게 하는 습관 기르기
- 일단 진행하면서 문제 해결력 키우기

단타를 하면 빨리 돈을 벌 수 있을까?

주식투자를 하다 보면 내가 산 주식은 안 오르는데 다른 주식들은 잘 오르는 것 같습니다. 그래서 내가 산 주식을 팔고 잘 오르는 것처럼 보이는 주식을 삽니다. 사고파는 과정에서 수수료와 세금이 나갑니다. 그렇게 교체 매매를 하면 돈을 잘 벌 것 같지만 막상 해보면 그렇지 않습니다. 내가 산 것은 오르지 않거나 떨어지는 것 같고 이번에는 다른 주식이 오르는 것 같죠. 그렇게 또 교체 매매를 하고 수수료가 나갑니다. 금융권에서 이를 속칭 '녹인다'라고 말하죠.

주식으로 돈을 벌고 싶은 고객들의 급한 마음을 이용해서 이것을 사라, 저것을 사라고 귀띔을 해줍니다. 고객은 당장 좋아 보이는 그 주식으로 교체 매매를 하고 금융회사는 수수료를 통해 이문을 남기는 것이죠. 그래서 단타를 하면 수익을 떠나 엄청난 수수료 손실을 입게 됩니다.

여기서 궁금한 점이 하나 있지 않나요? 왜 다른 주식은 오르는 것처럼 보일까요? 그것은 오르지 않는 주식에는 눈길이 가지 않기 때문입니다. 주식이 상승해야 돈을 벌기 때문에 오르는 주식에만 관심을 둡니다. 그러니 오르는 주식만 눈에 보이는 것입니다.

반면 내가 산 주식은 오르든 오르지 않든 눈에 들어옵니다. 내 주식 vs 오르는 주식을 비교하다 보니 내 주식에 불만이 생기고 남의 떡이 더 커 보이는 것이죠. 이렇게 교체 매매를 하면 오르는 것처럼 보이는 주식은 다시 내 주식이 되고 오르지 않는 날도 함께하게 됩니다. 그러니 다시 불만을 가지고 지금 당장 오르는 주식으로 눈길이 가죠.

창업도 마찬가지입니다. 우리는 주로 잘되는 식당이나 카페를 다닙니다. 그러다 보니 장사를 하면 돈을 잘 벌 것이라는 착각을 하게 됩니다. 하지만 막상 내가 장사를 하면 대박이 나지 않습니다. 당연히 잘되는 가게보다는 잘 안 되는 가게가 훨씬 더 많죠. 나는 다를 것이라고 생각하지만 확률적으로는 독보적인 가게가 되기 어렵습니다.

욕심을 버리고 확실하고 적당한
수익률을 추구하라

──────────────→ 이 문제의 해결책은
내 마음에 있는 욕심을 버리는 것뿐입니다. 사람은 누구나 고수익
을 노립니다. 나한테 주식을 배우겠다고 했던 이들에게 얼마를 바
라냐고 물어보면 최소 1년에 2배는 벌 수 있지 않냐고 묻습니다.
그럼 전 국민이 주식을 하지 누가 저축을 하고 가게를 하고 부동
산 투자를 할까요?

워런 버핏도 말했지만 개인투자자가 주식투자로는 연 10% 수익
을 내기도 어렵습니다. 나는 그 이상 벌 수 있을 것이라고 생각하
지만 몇 년간 연 10% 이상 수익을 내는 투자자는 흔치 않죠. 스타
벅스, 구글, 애플, 삼성전자, LG생활건강, 맥쿼리인프라, 코스트코
등 우량주들은 10년간 주가가 4~5배 정도 상승합니다. 연수익률
로 계산하면 15~17% 수준이죠.

그래서 적당히 괜찮은 수익을 내는 투자처를 찾아내 돈을 투자
하고 본업에 최선을 다하는 편이 더 현명합니다. 연간 15% 수익을
내면 내 투자금은 10년마다 4배가 되고, 20년 뒤에는 16배가 됩니
다. 30년 뒤에는 64배가 됩니다. 돈이 알아서 돈을 벌게 놔두고 나
는 그다음 종잣돈을 모아 투자하기를 반복하면 돈은 계속 불어나
게 됩니다.

10년에 1억 원씩 모을 수 있고, 연 15% 수익을 거둘 경우

구분	2020년	2030년	2040년	2050년
2020년	1억	4억	16억	64억
2030년		1억	4억	16억
2040년			1억	4억
2050년				1억
합계	1억	5억	21억	85억

결국 우리가 할 일은 10년 동안 꾸준히 오를 주식을 찾아내는 일, 거기에 투자를 하는 일, 직장을 통해 제2, 제3의 종잣돈을 모으는 과정을 반복하는 것입니다. 투자에 더 많은 신경을 쓰고 고민을 하면 빠르게 부자가 될 것 같지만 어차피 좋은 주식을 많이 찾아내도 투자할 돈이 많지 않기 때문에 직장 일에 최선을 다하면서 좋은 주식 한두 개를 찾는 것이 더 효율적입니다.

"빨리 가는 것보다 멀리 가는 것이 중요하다."

가장 중요한 것은 투자, 일, 인생에 대한 에너지 비중을 잘 조절해서 꾸준히 오랫동안 하는 것이고, 투자에 몰입하느라 다른 소중한 것들을 잃지 않는 것입니다.

- 남의 주식이 더 많이 오르는 것처럼 보이는 이유

  → 오르는 주식은 이슈가 되기 때문

- 욕심을 버리고 적당한 수익률 추구하기

  → 연 15% 수익이라도 10년이면 4배

불황일수록 왜
립스틱이 잘 팔릴까?

불황일수록 저렴한 사치품이 잘 팔리는 현상을 '립스틱 효과'라고 부릅니다. 이 심리를 잘 이해해야 남들이 돈을 잃을 때 나는 벌수 있습니다. 주식이든 부동산이든 오를 때도 있고 내릴 때도 있어요. 경기가 호황이면 투자 수익도 잘 나고, 경기가 불황이면 투자 손실을 보는 사람들이 많아집니다. 경기가 호황에서 불황으로 접어들면 투자를 해서 돈을 벌 확률이 극도로 낮아지죠. 여기서 돈을 벌려면 불황에 성장하는 기업에 투자해야 합니다.

불황이 와도 사람들은 돈을 써야 합니다. 먹어야 하고 입어야 하고 잠을 자야 합니다. 비싼 음식을 먹던 사람들이 가성비 좋은 음식을 먹게 되고, 비싼 옷보다는 합리적인 가격의 옷이 유행하고, 대궐 같은 집보다는 실속 있는 집으로 수요가 몰리죠. 그 과정에서 돈이 되는 것들이 생깁니다.

대표적인 상품이 립스틱이에요. 불황이 오면 사람들은 구매력이 떨어지죠. 하지만 예뻐지고 싶은 욕구는 사라지지 않습니다. 구매력은 떨어져도 사람의 본능은 그대로 살아 있기 때문에 대체재를 찾기 시작하죠. 그 대체재가 스몰 럭셔리라고 불리는 저가 사치품들입니다. 100만 원이 넘는 고가의 상품을 살 수는 없지만 1만 원짜리 사치품은 누구든 살 수 있어요. 스몰 럭셔리 소비를 통해 만족감을 느끼는 것입니다. 그래서 립스틱이 잘 팔리고, 스타벅스와 예쁜 카페들이 인기를 끕니다.

이제 투자자의 관점으로 생각해봅시다. 한국에 스타벅스가 들어온 것은 IMF 외환위기 때입니다. 경제는 어려웠지만 스타벅스는 인기를 끌었죠. 승승장구하던 스타벅스가 잠시 주춤하다 제2의 전성기를 구가한 것은 2008년 글로벌 금융위기 이후입니다. 정리해고로 실직을 당하는 환경에서 스타벅스는 직장인들에게 잠시 쉴 수 있는 소중한 휴식 공간이었습니다. CEO 하워드 슐츠도 "우리는 커피를 파는 곳이 아니라 공간을 파는 곳"이라고 정의할 정도로 스타벅스는 직장인들이 힘들수록 장사가 잘됩니다.

코로나 이전 글로벌 금융위기 이후 경기가 바닥을 찍고 나서 성장한 사업은 저가항공사입니다. 사람들은 도시를 벗어나 휴식을 취하고 싶은 본능을 가지고 있습니다. 여행을 귀찮아하는 사람은 있어도 싫어하는 사람은 없죠. 어릴 때는 수학여행, 대학생 때는 배낭여행, 결혼하면 신혼여행, 노인이 돼서는 효도여행을 갑니다. 경기가 좋으면 비행기를 타고 멀리 가서 쉬고 싶지만, 경기가 좋지 않은 상황에서는 돈을 함부로 쓰기가 어려워요. 그래서 배낭여행이 인기를 얻습니다.

이럴 때 국적기보다 저렴한 비용으로 동남아에 가서 마음껏 먹고 좋은 곳에서 자도 100만 원이 안 든다면 시선을 확 끌게 됩니다. 그래서 일본, 중국, 동남아로 여행을 가는 수요가 급증하기 시작했고, 특히 동남아 여행자 수가 급격히 성장했습니다. 투자자라면 경제위기 시기에 회복 가능성을 염두에 두고 저가항공사나 동남아 항공사 주식을 매수하는 전략을 펼 수 있습니다.

코로나 이후
성장할 수 있는 산업은?

———————————————————→ 그런데 코로나는 이런 흐름을 뒤집어버렸습니다. 경기가 어렵고 여행을 가고 싶어도 한동안 해외여행 수요가 이전처럼 회복하지 못할 수 있어요. 비좁

은 비행기에서 기내식을 먹으려면 마스크를 벗어야 합니다. 여행지에 가도 사람들로 바글거리죠. 코로나가 잠잠해졌다고 해도 한동안 마스크를 쓸 텐데 관광을 하기란 여간 불편한 것이 아니죠.

사람들은 마스크를 벗고 마음껏 휴식을 즐기고 싶어 합니다. 그래서 새로운 여행 수요로 나타난 것이 캠핑입니다. 트렌드는 돌고 도는데 한번 유행했던 트렌드가 다시 돌아오는 것을 레트로라고 부릅니다. 복고 감성은 당장은 신선하지만 지속되기는 어려워요.

그동안 보지 못했던 새로운 것이 트렌드가 되는데, 그동안 캠핑이 대중화된 적은 없었죠. 캠핑은 불편하다는 단점이 있어 마니아층만 있었는데, 이제 코로나 때문에 캠핑이 안전한 여행으로 인식되기 시작했습니다. 우선 캠핑장에서는 우리 일행만의 공간에서 온전한 시간을 보낼 수 있죠. 음식을 해 먹고 자연을 즐기고 마스크를 벗고 맑은 공기를 마실 수가 있습니다. 도시와 다른 새로운 매력을 느끼기도 하죠. 글램핑이나 캠핑카의 등장으로 텐트를 치고 걷는 불편함도 많이 사라졌습니다.

캠핑 관련 주식으로 텐트, 난로, 캠핑용품, 등산복, 부탄가스 등 다양한 종목들이 있습니다. 최근에 캠핑카가 방송에 자주 노출되고 있는데, 캠핑카 열풍이 불면 캠핑카를 만드는 기업이 주목을 받을 것입니다. 주식뿐만 아니라 캠핑이나 자연을 벗하는 펜션이 있는 강원도의 부동산 가격도 상승하고 있습니다. 최근 전국 땅값 상승 1위가 강원도 양양군이었습니다. 지금도 강원도 토지 가격이 빠르게 상승하고 있죠. 반면 비행기를 타고 가야 하는 제주도는 가격이 흔들리고 있습니다.

경제가 어려우면 치킨이 잘 팔립니다. 돈을 잘 벌 때는 소고기, 돼지고기 외식을 자주 하지만 주머니가 얇아지면 외식 한 번 하기가 부담스럽습니다. 삼겹살 1인분 가격은 1만 4,000원 수준이고 치킨 한 마리 가격은 1만 6,000원 수준이에요. 삼겹살은 인원수대로 먹어도 부족하지만 치킨은 한 마리로 한 가족이 먹을 수 있는 가성비 좋은 음식입니다. 그렇기에 집에서 간단히 밥을 먹고 간식으로 치킨 한 마리 사서 먹으면 한 가족이 저렴하게 외식을 즐길 수 있습니다.

그래서 경기가 어려워질수록 치킨집 수는 늘어납니다. 2020년에 치킨 프랜차이즈로서는 처음으로 교촌F&B가 상장했어요. 경기가 어렵든 좋든 계속 성장할 수 있는 사업입니다. 유행이 없고 물가보다 치킨 가격이 더 빠르게 상승하기 때문이죠.

핵·심·요·약

- 립스틱 효과 = 불황일수록 잘 팔림
- 구매력은 떨어져도 사치를 하고 싶은 인간의 본능
- 불황에 강한 업종 : 스타벅스, 맥도날드, 치킨, 저가항공사, 가정간편식 등

광고, 유튜브를 지켜보라

투자자는 주변의 광고를 흘리지 말고 잘 봐야 합니다. 광고는 없는 수요도 만들어내는 힘이 있죠. 백화점에 가서 그 물건을 고르는 것이 아니라 그 물건을 사기 위해 백화점으로 끌어올 수 있는 것이 광고입니다. 마트에 가지 않고 인터넷으로 물건을 구입하는 비율이 증가하는 지금 시점에는 광고 자체가 고객을 데려오는 수단입니다. 광고를 잘하는 기업은 매출이 늘어날 가능성이 높고, 우리는 그 기업에 먼저 투자해서 실적이 잘 나올 때까지 기다리면 됩니다. 투자자는 광고를 보고 물건을 사는 것이 아니라 그 기업을 삽니다.

광고의 힘을 느끼게 해준 사례는 드비어스의 다이아몬드 반지 광고예요. 다이아몬드 반지는 1947년 드비어스의 광고로 인해 지금까지 결혼반지의 대명사가 되었죠. "다이아몬드는 영원히"라는 문구로 인해 결혼을 하려면 약혼반지로 다이아몬드 반지를 해줘야 한다는 이미지를 각인시켰습니다. 드비어스는 지금도 그 문구를 사용하고 있어요. 덕분에 다이아몬드 광구 대부분을 소유한 드비어스도 계속 돈을 잘 벌고 있습니다.

기업은 광고를 소비자에게 잘 각인시키기 위해 모델을 씁니다. 모델의 브랜드가 뛰어나면 제품의 이미지도 좋아지죠. 그래서 광고주는 좋은 모델을 섭외하려고 합니다. 특히 주목할 만한 CF 모델이 전지현입니다. 많은 모델들이 있지만 전지현만큼 광고 효과가 좋은 모델도 없죠.

삼성 프린터, 애니콜(휴대폰), 네이버, 17차, 올림푸스, 지오다노, 네파, 리복, 엘라스틴, 쿠팡, 마켓컬리, 헤라, 숨37, SK텔레콤, BHC, 클라우드 등 기라성 같은 광고에 출연하며 우리나라 연예인 중 최고의 주가를 자랑합니다. 마켓컬리는 전지현을 전략적으로 섭외해 대중적인 인지도를 빠르게 쌓을 수 있었죠. 전지현 출연 이후 주가가 떨어진 기업은 거의 없고 대부분 주가가 상승했습니다.

국가의 상황이 광고가 될 수도 있습니다. 제2차 세계대전에 미군 보급품으로 등장한 코카콜라는 군인들에게 인기를 얻으며

1944년 세계 59곳에 공장을 지었고, 50억 병의 콜라가 전 세계에 뿌려졌습니다. 이후에 할리우드 영화가 세계로 보급되자 PPL로 등장하며 전 세계인에게 콜라를 각인시켰죠. 북극곰을 모델로 활용한 코카콜라 광고는 어린이들의 마음을 사로잡았고 환경을 생각하는 기업이라는 이미지를 굳혔습니다.

유튜브가
방송국을 죽였다

⟶ 현대의 광고는 TV의 영향력이 많이 줄어들고 SNS와 유튜브로 넘어갔습니다. 비싼 돈을 주고 연예인을 쓰기보다 일반인 인플루언서를 활용하면 적은 돈으로 더 큰 효과를 볼 수 있죠. TV 광고는 불특정 다수를 대상으로 하기 때문에 실제 구매력이 떨어지지만 SNS나 포털사이트는 검색 기록, 연령, 성별을 활용해 타깃 광고를 하기 때문에 실제 구매력이 상승합니다.

광고주는 당연히 TV보다 인터넷 기업에 광고를 넣으려고 하죠. 방송국은 각 국가마다 별도로 존재하지만, 유튜브, 인스타그램, 페이스북, 틱톡 등 거대 인터넷 기업들은 전 세계에서 독점적인 점유율을 가지고 있습니다. 전 세계 방송국의 광고 수입이 구글, 페이스북 같은 특정 기업으로 옮겨 가고 있다는 것이죠. 그럼 생각을 해봅시다. 다음 광고의 흐름은 어디로 갈까요? 당분간 유튜브와 SNS 광고는 증가할 겁니다. 그럼 우리는 어떤 주식을 사야 할까요? 돈이 흐르는 곳에 투자해야 합니다. 신문사, 방송국이 아닌 돈이 흘러 들어가고 있는 유튜브, SNS 회사에 투자하는 것이 더 현명한 선택입니다.

핵·심·요·약

- 광고는 수요를 늘려준다. → 매출·이익 증가 → 주가 상승
- 좋은 광고 : 이미지 각인 + 적합한 모델 + 국가 상황
- 광고비 : 신문사 → 라디오 → 방송국 → 유튜브·SNS

소문, 정보, 경험이 잘못된 판단으로 이끈다

"저 사람은 고집이 너무 세. 말이 통하지 않아."

자기 말만 하고 남의 이야기를 듣지 않는 사람을 외골수라고 합니다. 이처럼 자신의 가치관과 신념에 부합하는 정보만 선택적으로 인지하는 사고방식을 확증 편향이라고 하죠.

확증 편향을 가지고 투자를 하면 어떻게 될까요? 좋은 주식을 가지고 있다면 어떠한 흔들림에도 팔지 않고 수익을 내서 부자가 될 수 있습니다. 주가는 원래 오르고 내리기를 반복하기 때문에 아무리 좋은 주식을 가지고 있어도 어느 정도 고집이 있지 않으면 견뎌내기 어려운 것이 맞습니다. 그래서 주식 고수들 중에 굳은 신념을 가진 분들이 많죠. 하지만 반대로 안 좋은 주식을 옳다고 믿고 버티면 아무리 대단한 슈퍼개미도 한순간에 거지가 될 수 있어요.

확증 편향은 보통 경험에서 비롯됩니다. 자신이 겪었던 몇몇 경험들이 신념을 만들죠. 예를 들어 세상에 모든 백조는 흰색이라고 생각하고, 거기에 돈을 겁니다. 누군가 검은 백조를 봤다고 말해도 그럴 리 없다고, 또는 거짓말이라며 믿지 않습니다. 자신은 흰 백조만 봤으니 자신의 말이 맞다고 생각하고 계속 돈을 겁니다. 그러다 검은 백조가 나타나 투자한 돈을 모두 잃었는데도 그것은 사기라고 생각하며 자신이 틀렸다는 것을 인정하지 않죠.

특히 나이가 들수록, 전문가일수록 경험이 늘어나면서 자기 신념과 가치관의 벽에 갇히기 쉽습니다. 자신과 반대되는 의견은 귀를 닫고 내 의견을 남에게 주입하려고 하죠. 일명 '꼰대'가 되어가는 과정입니다.

2020년 코로나 이후 증시가 오르자 그럴 리 없다며 코스피 지수 하락에 돈을 거는 곱버스(지수 하락 시 하락률의 2배를 버는 상품)에 투자한 사람들 중 의외로 고학력자, 경험 많은 투자자, 전문가들이 많았습니다. 그들의 경험과 지식에 의하면 지금의 주식시장 상승은 이해되지 않는 것이기 때문이죠. 상황에 순응하기보다 자신이 가지고 있는 정보에만 집중하면서 상황과 싸워나가는 길을 택해 손해를 본 겁니다.

이런 신념은 주식에만 국한되지 않아요. 부동산은 하락하지 않는다는 말은 한국보다 일본에서 먼저 있었죠. 자고 나면 오르고 부동산을 사기만 하면 벼락부자가 되었습니다. 그리고 가격은 한순간에 사라졌죠. 2006년에도 미국 부동산은 거품이라는 경고가 계속 나왔지만 아무도 믿지 않았어요. 그러다 2008년 큰 대가를 치러야 했죠.

이런 하락의 역사가 있음에도 아직 한국에서는 부동산은 하락하지 않는다는 굳은 믿음을 가진 사람들이 많습니다. 어차피 부동산은 오르니까 대출받아 집을 사는 것은 문제없다고 생각하는 이들이 늘고 있어요. 하지만 어느 날 검은 백조가 나타날 수 있습니다. 절대 그럴 리 없다는 가정으로 투자를 하기보다는 만약의 상황에도 대처할 수 있도록 대출을 줄이거나 현금흐름에 맞게 조절해 안전하게 투자해야 합니다.

훌륭한 투자자는 자신이 틀렸음을 인정할 수 있어야 한다

———————————————→ 한때 세계 2위 부자에

오른 워런 버핏은 "평생 보유할 주식이 아니면 10분도 보유하지 말라"고 했습니다. 그런 그도 2020년에 바릭골드(Barrick Gold)라는 회사를 샀다가 6개월 만에 팔았죠. 이미 주식에서는 세계 1위 전문가이고 본인의 철학에 반대되는 일이지만 '아니다'라고 생각되면 자신의 고집을 꺾고 팔 수 있는 유연한 사고를 가지고 있습니다. 그런데 워런 버핏보다 못한 실력을 가졌으면서도 굽혀야 할 때도 굽히지 않고 반대의 증거가 나와도 "그건 사기다", "그럴 리 없다"며 증거 자체를 믿지 않는 투자자들은 앞으로 어떤 결과에 맞닥뜨릴지 뻔합니다.

예를 들어 2017년 저는 비트코인을 부정했습니다. 그것은 절대 화폐가 아니라고 말했죠. 그러다 2020년 말에는 비트코인을 긍정하지는 않았지만 부정은 멈췄습니다. 2017년과 다르게 바뀌어가는 상황을 보면서 그때와는 다를 수 있다는 생각을 합니다. 화폐의 근본은 신용이고 대중들이 화폐라는 믿음을 가지기만 한다면 그것이 조개이든 낙엽이든 화폐가 될 수 있습니다. 2017년 개인들의 믿음에서 2021년에는 금융기관들이 믿음을 주기 시작합니다. 그 믿음의 크기는 비트코인 가격에 반영되었는데 2017년 2,800만 원 고점을 넘어 2021년 7,500만 원을 돌파합니다.

화폐는 국가가 발행해야 한다는 '흰 백조'만 있던 세상에서 암호화폐도 화폐가 될 수 있다는 '검은 백조'가 등장한 것이죠. 시장에 투자자로 참여하는 것은 개인의 선택이지만 세상의 흐름이 변한다는 것은 알고 있어야 합니다. 2017년 암호화폐에 대해 격렬히 반대하던 국가들이 2021년 현재 국가 차원에서 디지털 화폐를 만드는 데 열을 올리고 있죠. 투자를 하고 안 하고를 떠나서 이런 흐름을 알아야 합니다.

암호화폐가 등장하니 다음 파생상품으로 NFT(Non-Fungible Token, 대체 불가능 토큰)라는 투자가 인기를 얻고 있습니다. 디지털 자산(미술·사진·영상)에 디지털 암호를 심어 복제가 불가능하게 되었으니 이 제품은 엄청난 가치를 지닌 것이라고 말합니다. 1억 원이었던 실물 그림을 디지털화한 다음 불에 태우고 나니 디지털 그림은 4억 원이 됩니다. 방귀 소리도 10만 원에 팔리고 일론 머스크의 아내가 그린 디지털 그림은 65억 원에 팔렸습니다. 이해가 가지 않는 것들이 엄청난 가격으로 상승하고 있습니다. 이런 흐름을 보면 어디까지 이해를 해야 하는가 싶을 때가 있죠. 가치투자자로서 가장 긍정적으로 판단을 내리자면 이해는 하되 투자하지는 않겠습니다.

핵·심·요·약

- 확증 편향 : 자신의 생각이 옳다고 믿고 정보를 걸러서 들으며 사실을 믿지 않는 것
- 투자자 : 유연한 사고를 가질 것
- 비트코인 : 상승 → 하락 → 금융기관의 신용 → 더 큰 상승
- NFT : 비트코인 초기 모습

작전세력이 당신의 심리를
흔드는 법

우리는 작전세력에 속아서 돈을 잃은 사람을 바보라고 하지만 누구나 알면서도 당할 수 있습니다. 이들이 주가를 움직이는 모습을 보면 투자자들이 주식을 사고 싶게 만들기 때문이죠. 당장 사면 돈을 벌 것 같은 착시를 주면 사람들은 욕심을 내고 그 주식을 사게 됩니다. 카지노 게임이 돈을 벌 수 있는 것처럼 보이지만 정작 돈을 벌 수 없게 만드는 것과 같죠.

카지노에서 돈을 잃은 사람들은 구조적인 문제를 보지 못하고, 그저 운이 없었다고 생각합니다. 다시 하면 반드시 돈을 벌 수 있다고 말이죠. 주식도 마찬가지예요. 다음번에 또 작전주가 나와도

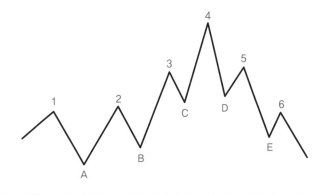

: 작전주의 주가 패턴 예시

이번에는 돈을 벌 수 있다며 또 투자를 합니다.

위 그림은 작전주가 대중의 심리를 이용해 대략적으로 설계한 주가 예시입니다. 작전세력이 주가를 1까지 올리면 대중은 아까워합니다. 그러다 주가가 하락해 A가격까지 내려가면 살까 말까 고민하다 말죠. 주가를 다시 2까지 끌어 올리면 A가격에서 못 산 사람들은 땅을 치고 후회합니다. 그러다 주가가 B가격까지 내려오면 허겁지겁 사들이는 사람들이 생기죠. 이때 작전세력도 같이 주식을 담으며 가파르게 주가를 상승시킵니다.

급등하는 주식을 보며 대중이 관심을 갖고 몰려들자 투자자들은 C가격으로 주가가 내려왔을 때 주워 담기 시작해요. 이내 주가는

4까지 올라가죠.

이때부터는 작전세력이 주가를 올리지 않아도 알아서 올라갑니다. 작전세력은 이제부터 정리를 시작합니다. 자신들의 수익을 최대화할 수 있을 때까지 대량 매도를 하죠. 매수의 힘보다 대량 매도 물량이 더 크다 보니 주가는 크게 하락합니다. C가격에서 사지 못했던 사람들은 더 크게 오를 것이라며 D가격에서 주식을 삽니다.

아직 물량을 다 정리하지 못한 작전세력은 이때 같이 사주며 가격을 5까지 올리죠. 매수세가 따라붙으면 작전세력은 남은 물량을 마저 다 털어내고 사라집니다. 이제 주식은 힘이 없고 E가격대까지 내려가죠. 여기서 간간히 저가 매수세가 들어오지만 예전처럼 상승세는 보이지 않고 대중들은 떠나갑니다. 이것이 작전주의 패턴이에요.

카지노에 당하지 않으려면 카지노 입구로 들어가지 않는 것이 가장 좋은 선택이듯 작전주에 당하지 않으려면 애초에 관심을 두지 않는 것이 좋습니다. 주가 차트를 보고 있으면 나도 모르게 사고 싶은 생각이 듭니다. 여기에 간간히 돈을 벌었다는 소리를 들으면 이 주식을 사고 싶어 손이 근질거려요. 원래 카지노에서도 대박을 내는 사람이 나옵니다. 그래야 대중들이 몰려드니 말이죠.

핵·심·요·약

- 작전주의 주가 패턴

  오르고 내리면서 대중 유혹 → 큰 주가 상승 → 대중의 관심

  증가 → 주가 고점 매도 → 주가 하락 → 대중의 손해 발생

- 주가 상승 시 관심을 가지면 작전주에 빠질 확률 높음

- 이미 올라버린 주식에 환상을 갖지 말 것

뉴스에 흔들리지 않으려면

페따꼼쁠리(Fait acoompli)는 프랑스어로 '기정사실화'라는 뜻입니다. 주가는 마치 미래의 가능성이 실현된 것처럼 움직인다는 말입니다. 낙관적인 전망이 있을 때 주가는 달콤한 미래가 이뤄진 것처럼 상승해 있고, 비관적인 전망이 있을 때 주가는 악몽이 현실이 된 것처럼 하락해 있습니다. 우리가 주식시장에서 말하는 '선반영'과 비슷한 뜻이라고 볼 수 있습니다.

1939년 독일군이 프랑스에 선전포고를 하자 유럽의 전설적인 투자자 앙드레 코스톨라니는 큰일이 났다고 생각했습니다. 전쟁이 났으니 주말이 지나면 월요일부터 은행 문도 열지 않을 것이고 주식시장도 휴장을 하겠구나 생각했죠. 증시도 많이 하락할 것이라고 생각했어요. 그런데 월요일이 되자 어이없는 장면이 벌어집니다. 전쟁은 발발했지만 은행도 주식시장도 가게들도 정상적으로 운영되고 있었습니다.

증시는 개장해도 지수는 급락하지 않았을까요? 아니에요. 오히려 올랐습니다. 그것도 6개월간 계속 상승했죠. 전쟁이 나면 무역에 지장을 초래해 경제에 악영향을 줄 것이라고 생각하면 이것이 선반영이 되어 증시가 하락해야 하는 것 아닐까요? 왜 반대로 움직일까요?

잘 생각해봅시다. 1939년은 제2차 세계대전의 시작 단계입니다. 1914년부터 1918년까지 4년간 제1차 세계대전이 있었고 여기에서 승전국은 프랑스, 패전국은 독일이었습니다. 프랑스는 협정을 통해 독일에게 갚지 못할 수준의 전쟁배상금을 물렸죠. 독일은 식민지를 잃고 경제적 어려움과 사회적 혼란 등 전쟁후유증을 앓는 중이었습니다. 그런 독일이 배상금에 불만을 품고 프랑스로 쳐들어온다니? 자존심 강한 프랑스는 독일의 선전포고에 어이없을 수밖에 없었습니다.

그럼 증시가 왜 상승했는지 이해가 가죠. 프랑스는 당연히 독일 따위에 질 리 없다고 생각한 겁니다. 이번에도 이길 것이고 배상금을 더 물려서 확실히 눌러놓겠다고 생각한 것이죠. 프랑스는 그로 인해 경제적 이득을 취할 것이라고 생각해 주가가 상승한 겁니다. 이러한 기대감이 기정사실화되면서 주가는 이미 전쟁에서 이긴 것처럼 올랐죠. 하지만 기대와 달리 독일은 프랑스를 격퇴하고 파리를 점령합니다. 이번에는 프랑스가 굴욕적인 협정을 맺습니다.

주식시장에 만연한
기정사실화의 문제점

───────────────────────→ 우리가 투자하는 기업들의 주가는 기정사실화가 반영된 것입니다. 신도시 계획을 발표하면 그 지역 땅값은 이미 완성된 도시 수준까지 상승하고, 삼성전자가 반도체 개발을 한다고 하면 주가는 이미 양산을 하고 팔아서 수익을 챙긴 수준까지 올라가 있죠. 문제는 정말 현실화가 가능한가라는 의문입니다.

부동산은 역사적인 경제적 위기가 도래하지 않는 한 가격이 하락하지 않습니다. 하지만 반도체 사업은 그렇지 않죠. 지금은 슈퍼사이클이 종종 발생해서 주기가 사라졌지만 원래 반도체는 4년 사이클을 가진 경기민감주입니다. 경기가 좋을 때는 반도체 가격이 크게 상승해서 수익이 좋아지고, 경기가 나쁠 때는 반도체 가격이 하락해서 마진이 나지 않아요.

그런데 반도체 개발부터 양산까지는 빨라도 1년 반에서 2년 이상 걸립니다. 만약 경기호황기에 신기술 투자를 했다는 뉴스가 나오면 주가는 지금보다 더 높은 가격으로 올라섭니다. 그런데 막상 양산을 해서 시중에 팔아야 할 때는 경기가 나빠져서 수익성이 크게 떨어진다면 비관적인 전망이 쏟아집니다. "경기도 나쁜데 왜 투자했냐?", "사장 바꿔라", "이번에 또 투자하면 안 된다" 등 나쁜 발언은 지금의 기업가치보다 주가를 더 아래로 떨어뜨립니다.

주주들의 불만에도 불구하고 기업은 대규모 기술과 시설 투자를 단행하고 2년 후에 양산을 준비합니다. 그러고 나면 경기가 불황을 지나 호황으로 돌아서고 반도체 가격은 급등합니다. 이제 대중들은 "역시 훌륭한 사장이다", "앞으로 더 많이 오를 것이다"라는 긍정적인 전망만 하죠. 매출과 이익이 지금보다 더 늘어날 것으로 예상하고 PER(주가수익비율)이 상승합니다.

주가를 보지 말고
대중과 기업을 보라

──────────────────→ 그럼 투자자는 2가지를 잘 봐야 합니다. 첫 번째는 대중입니다. 경기가 하락하면 앞으로도 계속 하락할 것이라고만 생각하는 것이 과연 옳을까요? 장기

적으로 GDP(국내총생산)는 계속 증가하고 지수도 상승합니다. 물가가 오르고 판매량이 늘어나면서 기업의 주가도 계속 상승하죠. 다만 꾸준히 오르기보다 조금씩 오르고 내리는 파동을 만들며 상승합니다.

그런데 대중들은 주가가 조금만 하락하면 영원히 하락할 것처럼 두려워하고 주가는 말도 안 되는 헐값으로 내려가죠. 반대로 경기가 호황이 되면 앞으로 영원히 호황이 지속될 것처럼 주가는 고평가 상태가 됩니다. 기업의 매출 성장은 연간 50% 수준으로 측정되는데 주가는 10년 후 미래를 앞서가 있죠.

그럼 10년 동안 정말 아무 일 없이 우리의 예상대로 매출이 성장할 수 있을까요? 1998년, 2001년, 2003년, 2008년, 2011년, 2015년, 2018년, 2020년 경제위기가 있었고 증시도 큰 하락을 겪었습니다. 훌륭한 기업이라도 지금의 호황기가 10년 이상 지속될 것으로 예상하고 주가가 그만큼 상승한 상황이라면 투자하기 위험합니다. 반대로 경제가 불황이라고 주가가 과도하게 하락하는 것도 말이 되지 않습니다.

두 번째는 기업입니다. 기업은 불황일 때 호황을 준비하고, 호황일 때 불황을 준비해야 합니다. 그러기 위해서는 대중의 욕을 먹어야 합니다. 불황일 때 공격적인 투자를 하면 주주들은 불안해하죠. 하지만 투자 결과가 나오려면 시간이 걸리고 불황에 투자를 해야 호황에 최대 수익을 얻을 수 있습니다.

대중들은 호황일 때 대규모 투자를 원합니다. 하지만 투자 이후 양산까지는 시간이 걸리고 큰 손실을 안겨줄 수 있죠. 경영자의 능력이 뛰어나다면 대중과 반대로 투자할 것이고, 무난한 경영자라면 호황, 불황 상관없이 계획대로 꾸준히 투자를 진행할 것입니다. 어리석은 경영자라면 호황에 대규모 투자, 불황에 알짜기업 매각을 하겠죠.

장기투자자라면 다른 뉴스에 흔들리기보다 대중과 기업 2가지에 집중하는 것이 좋습니다. 결국 경제는 성장하고 우량기업이라면 주가도 장기적으로 상승하기 때문에 대중의 심리를 거꾸로 이용할 수 있어요. 또한 호황과 불황을 잘 활용해 투자를 조율할 수 있는 훌륭한 경영자를 가진 기업이라면 믿고 투자할 만합니다.

핵·심·요·약

- 기정사실화 : 마치 그렇게 될 것처럼 주가가 먼저 가 있는 것
- 기정사실화의 문제점 : 사이클을 고려하지 않음
  미래가 흔들리면 크게 하락
- 주가 상승보다 대중과 기업을 봐야 객관적인 평가 가능

대중과 반대로 가는
역발상 투자

투자 격언 중에 "달리는 말에 타라", "떨어지는 칼날을 받지 말라"는 말이 있습니다. 하지만 저는 이 말이 반은 맞고 반은 틀리다고 생각합니다.

달리는 말은 당장은 수익이 나지만 언젠가는 떨어지죠. 급하게 오르는 주식은 오래가지 않아 급하게 하락합니다. 1만 원에서 10만 원이 된 주식을 사면 당장은 12만 원, 13만 원이 될 수 있지만 오래가지 않아 7만 원, 5만 원이 될 수 있어요. 이 주식을 1만 원에 산 사람과 10만 원에 산 사람의 수익률이 달라집니다. 싸게 산 사람은 주가가 하락해도 수익률만 내려갈 뿐 결국 돈을 벌죠. 비싸게 산 사람은 잠시 수익을 본 것처럼 느끼지만 결국 큰 손실을 입게 됩니다. 30%씩 연속 3번 손실을 입으면 자산은 1/3토막이 납니다. 즉, 상승 초입에 달리는 말에 타면 돈이 되고 상승 후반에 달리는 말에 타면 패가망신할 수 있어요. 뒷북 투자는 나의 욕심이 공포를 이긴 것일 뿐 성공 확률이 매우 낮다는 것을 생각합시다.

주가가 떨어지는 기업의 주식을 사는 것은 위험합니다. 급하게 떨어지는 주식보다 몇 년간 조금씩 하락하는 주식은 금전적, 시간적으로 투자자에게 엄청난 손실을 주죠. 또한 장기간 하락했기 때문에 견디다 못한 장기투자자들의 실망 매물까지 나와 주가는 기업가치보다 더 많이 하락합니다.

물론 주가가 하락하는 이유는 나름대로 있습니다. 그런데 그 이유들이 영원한 것은 아닙니다. 언젠가 하락의 이유들은 사라지고 상승의 이유들로 전환되는 구간이 옵니다. 그때가 역발상 투자를 하는 타이밍입니다. 제가 매수하는 시점은 주가가 충분히 하락했고 악재가 나오고 있음에도 주가가 더 이상 하락하지 않고 멈추는 때입니다. 즉, 악재에서 호재로 전환되는 변곡점에서 투자를 합니다. 하락 초입기에 투자하면 큰 손실을 감당해야 하지만 하락 마무리에 투자하면 잃을 돈은 적고 벌 수 있는 돈은 커집니다.

역발상 투자자가
확인해야 할 2가지

⎯⎯⎯⎯⎯⎯⎯⎯⎯⎯⎯→ 역발상 투자를 할 경우 2가지를 봐야 합니다. 먼저 매출과 이익은 상승하면서 주가가 몇 년 내내 하락하는 기업인지를 봅니다. 매출과 이익이 늘고 배당금도 증가하는데 주가가 하락하는 것은 상당히 모순적이죠. 이런 기업은 당장의 돈벌이는 좋지만 앞으로 성장성이 없거나 어두운 미래가 도래한 경우가 많습니다. 보통 사양산업이 여기에 해당됩니다.

사양산업이 아닌 경우에는 각자 이유가 있죠. 예를 들어 은행주는 금리하락기와 경제침체기에 매출과 이익은 증가하지만 주가가 하락합니다. KT&G는 담배 가격 인상, 코로나로 인한 면세점 부진 등을 이유로 주가가 장기간 하락했지만 매출과 이익이 성장했어요. 우리가 봐야 할 것은 이 업종이 앞으로 좋아질 가능성이 있는지 아니면 영원히 좋아질 가능성이 없는 사양산업이냐는 점입니다.

은행, KT&G는 사양산업이 아니고 일시적인 영향을 받는 업종입니다. 거기에 배당수익률도 5~7% 수준으로 높습니다. 매출이 늘고 고배당에 주가가 바닥이라면 투자하지 않을 이유가 없죠. 다만 내가 틀렸을 수도 있으니 저가에 분할매수를 해야 합니다. 매입

간격을 충분히 두면서 조금씩 사들이면 언젠가 주가 상승 시기를 맞이할 수 있어요. 오르지 않으면 은행에 예금을 넣었다 생각하고 배당금을 받아 다른 곳에 투자하면 됩니다.

그리고 사이클이 존재하는 업종인지를 확인해야 하죠. 예를 들어 철강주는 2007년 정점 이후 13년 넘게 하락하다가 2020년 여름부터 급격한 상승을 하기 시작합니다. 물론 매출과 이익은 나빴고 재무는 부실해졌어요. 구조조정으로 많은 기업들이 망하거나 통합되었고 아직 해가 뜨지 않은 상태입니다. 그런데 더 이상 나올 악재가 없고 주가가 바닥을 다지자 호재들이 보이기 시작하죠.

2020년 코로나로 인해 철강주는 13년 하락 후 더 하락을 합니다. 그리고 아직 코로나가 창궐한 상황에서 세계 1위 다국적 철강회사 아르셀로미탈과 미국의 철강회사 US스틸의 주가가 2~3배 상승하죠. 물론 매출과 이익은 아직 증가하지 않았는데요. 코로나로 인해 중국, 유럽, 미국에서 인프라 공사가 대규모로 진행될 것이라 생각하고 기대감에 철강 가격과 철강주가 올랐습니다. 오랜 시간 하락으로 바닥을 다진 주가는 약간의 호재만으로도 급격하게 상승한다는 것이죠.

이렇게 기업의 사이클을 읽고 어두울 때 사서 밝을 때 파는 전략을 피터 린치가 했던 턴어라운드 투자라고 합니다. 피터 린치는 이런 방법으로 텐배거(10배) 수익률을 종종 올렸어요. 대중이 무관심하거나 두려워할 때 사서 대중이 열광할 때 파는 전략을 역발상 투자라고 합니다. 유럽의 전설적인 투자자 앙드레 코스톨라니는 이 방법으로 100~1,000배 수익률을 올렸죠. 워런 버핏이 우량주를 대규모로 사는 타이밍도 대중이 두려워할 때입니다. 투자 거장들은 투자 대상에 관계없이 대중이 두려워할 때 사들이고 대중이 환호할 때 판다는 것을 알 수 있습니다.

핵·심·요·약

- 뒷북 투자는 손실 확률이 크다. → 오르기 전에 먼저 사라.
- 역발상 투자 방법
  1. 매출·이익이 늘면서 주가가 하락하는 기업
  2. 사이클이 존재하는 업종, 악재가 충분히 나왔을 때
- 투자 거장들의 매매 비법
  대중이 두려워할 때 사고 환호할 때 판다.

주가가 오르기 전에
나타나는 징후

• • •

주가가 오르기 전의 신호가 있을까요? 물론 있습니다. 좋은 기업을 분석하는 것은 공부와 노력으로 가능하지만 오르기 직전의 주식을 찾는 것은 돈 냄새 맡기라고 불리는 감각의 영역입니다. 뉴스나 실적 발표가 나지 않아도 무언가 오를 것 같은 직감이 들 때가 있는데 이 중 몇 가지를 알아봅시다.

첫째 대중의 관심은 시작되지도 않았는데 주가가 먼저 올라갈 때입니다. 이유는 설명할 수가 없어요. 뉴스도 없고 어떤 호재도 없으니까요. 그런데 주가가 예전과 다르게 확연히 오른 모습을 볼 수 있습니다.

부동산으로 생각해볼까요? 아무 이유도 없는데 서울 사람들이 와서 그 지역 땅을 사는 바람에 가격이 상승했다고 하면 고점이니 팔아야 하는 타이밍일까요, 아니면 사야 하는 타이밍일까요? 주식 시장에서 주가는 이유 없이 오르고 내리는 잔파동을 거치지만 2만 원에서 3만 원 사이를 출렁이는 주가가 갑자기 3만 5,000원이 되

파세코 시 22,750 고 24,650 저 22,450 종 23,950 ▲ 950 +4.13% 거 468,355
이동평균 5 20 60 120

Linear

최고 24,650 (-2.84%)
23,950
22,785
21,266
19,747
18,228
16,709
15,190
13,671
12,152

최저 12,700 (88.58%)

거래량 468,355

2.73m
1.82m
909k

12월 14 2021 14 2월 14 3월 14

∴ 파세코 주가

고 4만 원이 되면 이유가 있지 않을까요? 이유가 없다고 하면 더 좋은 이유가 나중에 나올 수도 있습니다.

창문형 에어컨으로 돌풍을 일으킨 파세코는 보통 5~6월에 주가가 고점을 찍고 10월경에 저점을 찍습니다. 그런데 2월 중순부터 주가가 상승하고 거래량이 늘어나는 모습을 보여주죠. 실적도 나온 상태이고 겨울에 에어컨이 잘 팔릴 리가 없으니 이상한 일이에요. 3월이 되자 주가는 노골적으로 상승하고 거래량도 크게 늘어납니다. 3월 4일~8일까지 주가가 급등하며 평상시보다 50%

더 상승하죠. 이유는 3월 9일에 밝혀졌습니다. 뉴스가 나왔죠. 5월에 베트남, 싱가포르에 수출을 하기로 했고, 호주, 칠레, 이라크로 수출 협의 중이라는 뉴스였습니다. 이유는 알 수 없지만 뉴스보다 주가가 먼저 움직입니다. 알 사람들은 미리 알고 사들였다는 것이죠.

둘째는 외국인의 수급입니다. 특정 기업이나 업종을 아무런 이유 없이 장기간 지속적으로 매집하는 경우가 있습니다. 외국인들은 특정 업종이 좋아지면 다른 나라의 업종도 같이 매수를 하는 모습을 보입니다. 예를 들어 미국의 정유주를 사면 한국의 정유주도 매수합니다. 이런 정상적인 흐름 외에 특정 업종에서 하나의 기업만 매수하는 모습이 나타나면 의심해봐야 합니다. 그 기업의 PER이 높지 않고 매출과 이익이 상승하고 있으며 기업의 미래도 나쁘지 않다고 판단될 경우 손실은 크지 않기 때문에 투자를 검토해볼 수 있어요.

하지만 모르고 투자하는 것은 항상 부담이 큽니다. 그래서 많은 돈을 투자할 수가 없어요. 본인만의 방법으로 힌트를 찾기 위해 바쁘게 움직여야 합니다. 투자할 수 있는 시간이 길지 않기 때문입니다. 이럴 때 힌트를 얻으려면 인터넷 검색이 아니라 그동안의 배경 지식과 스토리를 그릴 수 있는 상상력이 기반이 되어야 합니다. 해당 기업뿐 아니라 관련 기업과 업종까지 이해하면 왜 오르는지 경우의 수를 따져볼 수가 있어요. 그다음 각각의 스토리가 맞는지 대입해보면서 가장 유력한 이유를 찾습니다.

예상한 스토리대로 흘러가면 기업의 매출과 이익은 대략 얼마나 성장하고 주가는 어떻게 될지를 가늠해봅니다. 리스크를 감수하고도 충분히 이익이 크다고 예상되거나 안전장치가 있어 손실 가능성이 적다면 웬만큼 투자해볼 만합니다. 마치 적의 군대가 산길로 올 것이라는 느낌이 들었다면 복병을 배치해 적에게 큰 타격을 입히는 것과 같죠. 적이 그 길로 지나가지 않더라도 우리 군대가 손해를 보지는 않습니다.

이를 응용하면 반대의 경우가 생깁니다. 한창 좋은데 외국인들이 팔고 빠져나간다거나 대량 매도가 발생한다면 비중을 줄여가며 의심을 해봐야 합니다. 상승도 하락도 의심을 해서 집중 분석한 뒤, 가능한 스토리를 알아낸다면 돈을 벌 수도 있고 리스크에 미리 대비할 수도 있습니다.

핵·심·요·약

- 주가 상승 전에 나타나는 신호 찾기

  1. 뉴스나 호재 발표 전에 주가가 상승할 경우

  2. 글로벌 세력이 다른 나라의 특정 업종을 집중 매수할 경우

- 주식을 팔아야 할 신호 찾기

  1. 이유 없이 대량 매도로 빠져나가는 세력이 있을 경우

  2. 외국인이 이유 없이 대량 매도를 할 경우

코로나 이후 대한항공 주가는
왜 최고가를 달릴까?

• • •

코로나 이후 하늘길이 멈췄다고 할 정도로 항공 이용객이 급감했습니다. 1년에 한국인 500만 명이 방문한다는 태국조차 직항이 없어 경유를 해야 했고, 다른 나라에 가려면 현지에서 2주간 자가격리를 하고 한국에 돌아와서도 2주간 자가격리를 해야 하죠. 이런 상황에서 긴급한 출장 외에는 해외로 나갈 수 있는 사람이 없습니다.

그런데 이상한 점은 대한항공의 주가가 코로나 직전보다 2배 가까이 상승했다는 점입니다. 2017년 경기가 좋을 때보다 현재의 주가가 더 높은 상태이죠. 승객이 많을 때보다 승객이 없을 때 항공사의 주가가 더 좋은 상황은 모순이어도 한참 모순입니다. 더구나 2020년 7월에는 주식 수를 더 늘리는 유상증자를 1조 1,000억 원, 2021년 3월에는 3조 3,000억 원을 해서 주식의 가치가 하락한 기업인데도 주가가 최근 5년간 최고가를 찍고 있죠. 주가는 기업의 실적에 따라 움직인다는 철학은 흰 백조이고, 때로는 최악의 상황에서 오히려 주가가 더 오르는 검은 백조 현상도 알아야 주식투자를 할 수 있습니다.

어떻게 이런 일이 발생할 수 있을까요? 대한항공 외에 다른 항공사들도 최악의 시기를 겪고 있으나 주가는 그리 나쁘지 않습니다. 항공사만 이런 것일까요? 최악의 한 해를 보낸 하나투어는 코로나 이전 주가가 5만 원 수준이었는데 2021년 현재 주가는 7만 원을 넘고 있습니다.

이런 이유는 심리에서 발생합니다. 먼저 가장 큰 이유는 기대감이죠. 코로나가 길어지자 사람들은 코로나가 끝나면 보복 소비를 할 것이라고 생각합니다. 그럼 이전에 여행을 갈 생각이 없었던 사람들도 코로나가 끝나면 여행을 가려고 하기 때문에 코로나 이전보다 더 많은 수요가 발생하리라고 생각한다는 것이죠. 그러면 기업의 매출은 이전보다 훨씬 더 상승할 것이기 때문에 지금 주가가 먼저 올라 있다고 볼 수 있습니다. 그래서 백신 이후로 주가가 한 단계 더 상승한 모습이에요. 곧 코로나가 끝날 것이라는 기대가 주가에 담겨 있습니다. 하지만 코로나가 더 길어지고 기대가 꺾인다면 주가는 꽤 하락할 수도 있어요.

두 번째는 투기 현상입니다. 코로나로 인해 대부분의 주식이 하락했지만 실적에 가장 큰 타격을 받은 항공사와 여행사는 특히 많이 하락했습니다. 그럼 코로나가 끝나면 가장 많이 오를 주식도 여행사와 항공사라고 생각하는 것이죠. 사람들은 30%, 50%, 70% 기대수익률 중 확률이 낮더라도 더 높은 기대수익률을 올릴 수 있는 부자에 매력을 느낍니다. 내내한 것보다는 기깅 그게 벌 수 있는 데 돈이 몰린 것이고, 이런 모습이 주가에 반영되었다고 볼 수 있죠.

결론은 주가는 꿈을 먹고 자란다는 것입니다. 과거의 이익, 현재의 어두운 상황보다는 앞으로 잘될 수 있을 것이라는 기대감 하나가 주가를 상승시키죠. 반대로 매출과 이익은 계속 상승하지만 주가가 바닥을 찍고 있는 기업들은 앞으로 전망이 어두워 사람들이 꿈을 갖고 있지 않다는 것을 의미합니다. 역설적이지만 투자자는 재무제표의 숫자를 계산하기보다 대중의 꿈을 계산하는 것이 더 많은 도움이 됩니다.

핵·심·요·약

주가는 현실보다 꿈을 좇아간다.
현실적인 실적 분석보다 기대감이 주가 움직임과 가깝다.

$

7장

◇ ◇ ◇

부자들은
지리와 인문학을
공부한다

미중 무역갈등과 인도의 급성장

인도는 동양과 서양을 연결하는 위치에 있습니다. 서쪽에는 중동과 유럽이 있고 동쪽에는 아시아가 있죠. 아시아의 인구수는 약 46억 명으로 세계 인구의 58%를 차지합니다.

그런데 아시아는 석유가 많이 나지 않아 대부분 중동산 원유를 수입해요. 그리고 아시아 국가들은 자원보다는 넘치는 노동력을 활용해 제품을 만들어 유럽과 미국으로 수출해서 돈을 버는 제조업 비중이 높습니다. 그 이야기는 수많은 무역선이 인도를 지나가야 한다는 뜻입니다. 좀 더 돈이 되는 이야기를 하자면 인도 앞으로 돈이 흐르고 있다는 말이죠. 인도가 노력만 하면 흘러가는 돈을 가져올 수 있다는 뜻이기도 합니다.

아시아의 장점은 저렴한 노동력이고, 단점은 지리적으로 유럽, 중동과 떨어져 있어 석유와 원자재를 들여오고 제품을 내보내는 거리가 멀다는 것입니다. 인도가 공업도시로 변하면 어떻게 될까요? 중동에서 원유를 가져오는 경로가 짧아져 운송비용이 적게 들고, 인건비가 세계 최저 수준으로 경쟁력이 있습니다. 여기에 다시 유럽으로 수출하는 길이 아시아보다 짧아 운송비 절감도 가능합니다. 더구나 역사적 이유로 영어 실력이 뛰어나고 수학, 과학 능

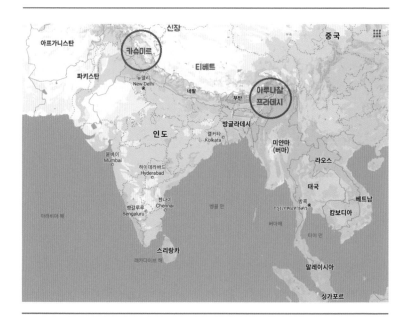

: 인도의 지리적 위치(구글 지도)

력이 우수한 인재가 많습니다. 여러분이 서양의 투자자라면 인도에 투자하지 않을 이유가 있을까요?

그래서 투자자라면 인도가 앞으로 성장할 곳인지 확인하고, 어디에 투자하는 것이 가장 효율적인지를 생각해야 합니다. 지리적인 관점을 생각하면 투자에 확신을 얻을 수 있을 것입니다.

먼저 인도의 지리적 리스크는 양옆에 있는 파키스탄과 방글라데시(동파키스탄)입니다. 인도는 이 두 나라와 화해할 수 없는 앙숙 지간이죠. 영국의 식민통치가 끝나고 각자 분리독립을 하면서 카슈미르 지역의 영유권을 둘러싸고 서파키스탄과 두 차례, 동파키스탄(방글라데시)과 한 차례 전쟁을 치렀어요. 그 이유는 종교 때문입니다. 파키스탄과 방글라데시는 이슬람교, 인도는 힌두교예요. 카슈미르 지역은 인도 영토이지만 국민들 대부분이 이슬람교로 파키스탄에 편입되기를 희망합니다. 파키스탄은 인도를 비난하며 반란을 지원하고, 카슈미르 지역은 반란과 독립시위를 벌이고, 인도는 자치권을 주면서 달래려고 하죠.

이런 와중에 중국은 1962년 카슈미르 동쪽 지역을 쳐서 아크사이친 지역을 점령합니다. 중국도 사정이 있어요. 동쪽의 아루나찰프라데시는 과거 티베트 지역으로 1914년 영국이 자국 영토로 편입한 곳입니다. 그래서 중국은 이 지역에 대한 소유권을 주장하죠. 여기에 1959년 티베트 승려 달라이 라마가 인도로 넘어가 망명정

부를 세웁니다. 이에 중국은 전쟁을 일으켜 아크사이친 지역을 점령하게 된 것이죠.

한 지역을 둘러싸고 세 나라가 불편한 관계를 갖게 됩니다. 인도와 파키스탄의 갈등은 결국 양국의 핵 보유로 결론이 났고, 최근에도 대립 사태로 사망자까지 발생했습니다. 중국과도 계속 대립 중으로 자잘한 전투에서 사망자가 발생하고 있죠.

인도는 자국의 영토를 포기할 수 없는 노릇이고, 파키스탄은 종교를 포기할 수 없고, 중국은 중요한 전략적 요충지를 포기할 수 없어 해결되기 어려운 지역입니다. 서쪽 카슈미르 지역은 신장, 티베트와 접해 있고, 동쪽 아루나찰프라데시 지역은 티베트와 접해 있어요. 그리고 신장과 티베트는 독립을 주장하고 있으니 중국 입장에서는 여간 부담스러운 것이 아닙니다.

중국은 티베트와 신장 지역을 포기할 수 없습니다. 티베트는 인도와 천연 국경지대인 히말라야 산맥에 위치하고 있습니다. 티베트가 독립을 하고 인도의 영향으로 들어가면 중국은 후방의 위협, 일대일로 차단, 황허강, 양쯔강 수원의 위협을 받게 됩니다. 메콩강도 티베트에서 시작될 정도로 중요한 지역입니다. 신장 지역은 8개 국가와 국경을 접한 지리적 요충지로 서쪽으로 가는 일대일로 사업에서 중요한 거점입니다. 또한 엄청난 원유 및 다양한 자원이 매장되어 있죠. 핵실험장도 이곳에 위치합니다. 절대 독립시키고 싶지 않을 겁니다.

적의 적은 친구라는 외교 법칙은
인도를 성장시킨다

———————————————→ 그래서 중국에게 인도
는 눈엣가시처럼 불편한 존재이고, 인도의 적인 파키스탄은 적의
적으로 친구가 됩니다. 그런데 미국과 중국은 무역분쟁으로 서로
불편한 관계가 되었고, 미국은 적의 적인 인도와 친구가 되었습니
다. 여기에 2014년부터 인도 총리를 맡고 있는 모디는 카스트제도
의 최하층 계급 출신으로 자수성가한 인물입니다. 종교는 힌두교
이지만 정치적으로는 중도 우파 성향이라 기업 친화정책, 해외 대
기업 유치, 인프라 건설에 열을 올리고 있죠.

무언가 아귀가 딱 맞는 상황입니다. 중국에 등을 돌린 미국은 인
도를 키워 중국을 뒤에서 압박하고, 인도는 미국의 경제적 지원을
받아 국력을 빠르게 신장할 수 있죠. 실제로 중국에 투자한 기업들
이 철수하고 인도로 이동하고 있습니다. 삼성전자 휴대폰 라인 증
설, 애플 생산 기지 인도 이전, 테슬라 인도 생산 계획 외에도 구
글, 마이크로소프트, 페이스북, 아마존 등 글로벌 기업들이 인도로
경쟁하듯 진출하고 있습니다. 왜일까요?

트럼프에서 바이든 정부로 넘어갔지만 미중 무역분쟁은 계속되고 있습니다. 미중 무역분쟁은 전 세계 증시를 크게 하락시켰고, 전 세계는 경기침체로 금리 인하를 하느라 정신이 없어요. 분쟁이 격화되면 관세 보복, 규제 강화 등의 피해를 받을 수 있으므로 기업들은 위험을 줄이기 위해, 인건비가 저렴하고 세계 최고 수준의 GDP 성장을 하고 있는 인도로 진출하고 있습니다. 기업은 바보가 아닙니다. 천문학적인 돈이 인도에 투자된다는 것은 향후 이곳에서 그 이상으로 돈이 나온다는 뜻이죠. 여기에서 수혜를 보는 기업에 투자해야 합니다.

핵·심·요·약

주목할 만한 인도 주식

1. 릴라이언스 인더스트리스(RELIq)
   인도 시가총액 1위 기업으로 200조 원이 넘는다. 석유·화학·통신·유통 분야에서 사업을 하고 있다. 가장 주목받는 자회사는 지오플랫폼으로 현재 가치가 70조 원이 넘고 향후 상장 시 가장 큰 수혜를 받을 것으로 예상된다. 영국 증시에도 상장되어 있어 한국인도 투자가 가능하다.

2. 타타그룹
   인도는 아직 자동차가 대중화되지 않았지만 GDP가 상승하면 자동차 대중화는 당연한 수순이다. 그중 주목할 만한 기업이 타타 그룹이다. 자동차·철강·차·커피·IT 등 다양한 곳에 진출해 있으며, 타타자동차(TTM)는 미국에 상장되어 있고 타타스틸(TISCq)은 영국에 상장되어 있어 투자가 가능하다.

3. 베단타 리미티드(VEDL)

인도의 원자재 회사로 철광석·알루미늄·구리, 석유·가스, 발전 사업을 하고 있다. 대기업 투자를 유치하기 위해 인도 정부는 공단·발전소·도로·철도·항만 건설을 해야 한다. 또한 인도 내 생산량이 늘어날수록 원자재 수요는 늘어날 수밖에 없다. 이 기업은 인프라 사업이 커질수록 수혜를 받는 기업으로 향후 성장 가능성이 높다. 미국 증시에는 14개의 인도 기업이 상장되어 있는데 원자재 관련주로는 유일하다.

지리적 약점을 가진 중국의 일대일로 계획

중국은 인구수 1위, 경제 규모 2위를 차지하는 나라로 전 세계의 원자재를 흡수하는 블랙홀과도 같습니다. 15억 인구로 내수경제가 가능하고 저렴한 노동력으로 해외에 많은 공산품을 수출하고 있죠. 중국의 저가 제품 덕에 전 세계 물가가 크게 상승하지 않는다는 말이 있을 정도로 세계 경제에 미치는 영향력이 큽니다. 중국은 GDP 성장률 1위 국가로 세계에서 가장 빠르게 성장하는 국가이기도 합니다. 미국을 경제적, 군사적으로 위협할 수 있는 유일한 넘버2 국가라고 할 수 있어요.

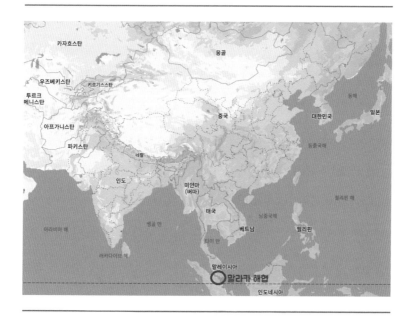

• 중국의 지리적 위치(구글 지도)

투자의 관점에서도 태양광 사업(폴리실리콘-잉곳-웨이퍼-셀-모듈) 전 분야에서 독점적인 점유율을 차지하고, IT·4차산업·전기차 분야에서도 미국을 위협하고 있습니다. 투자자가 보기에 중국은 가치주와 성장주 모두 매력적인 곳이죠.

지리적 관점에서 보면 중국은 넓은 땅을 보유하고 있지만 많은 약점을 지니고 있습니다. 세계에서 가장 많은 인구는 풍부한 노동력과 내수경제에서 장점이 있지만, 원자재를 가장 많이 수입하는 나라라는 뜻도 의미합니다. 자국에서 나는 자원이 풍부한 편인데도 그 이상으로 인구가 많기 때문에 역설적이게도 자원이 부족한 나라예요. 그래서 자원 확보가 중요한데 동쪽만 해안에 접해 있다 보니 대도시들이 동부에만 몰려 있습니다. 자원 보급로 및 판로 확보를 위해 계획한 것이 1조 달러를 투자하는 일대일로(一帶一路, One belt, One road) 계획입니다.

이 계획이 완성되면 중국은 미국의 압박에도 자원을 안정적으로 공급받을 수 있고, 100여 개 국가들을 묶어 정책 통일, 무역 판로 확보를 할 수 있어 세계에서 중국의 입지가 크게 향상될 수 있습니다.

분야	일대일로 중점 사항	실제 목적
교통·에너지	도로망, 항만, 송유관, 가스관, 통신망	자원 보급로 확보
무역	자유무역 구역 지정, 투자	판로 확보
금융	인프라 대출, 통화 스와프, AAIB 가입	위안화 결제, 금융 식민지 확보
문화·관광	문화·학술 교류, 관광 비자 간소화	중화문화 전파, 관광지 선점
정치	정부 협력 강화, 단일정책 체계 마련	중국 주도 국가 그룹화

일대일로 계획은 중국의 지리적 약점으로 인해 시작되었습니다. 우선 북쪽으로는 러시아의 압박을 받고 있죠. 몽골이라는 완충지대가 있지만 북으로 진출해 유럽과 무역, 교통을 연결할 수 없어요. 또한 미국과 냉전시대를 보낸 러시아는 세계 2위 핵보유국으

로 군사력이 중국보다 강력할 수 있습니다. 즉, 북쪽으로 진출하는 것은 추워서 먹을 것도 없고 할 수도 없어요.

서쪽으로는 험준한 산악지대와 타클라마칸 사막이 있습니다. 실크로드를 따라 서쪽으로 가려고 해도 카자흐스탄, 우즈베키스탄, 키르기스스탄, 타지키스탄 등을 지나가야 합니다. 중앙아시아에 영향력을 행사하는 러시아는 중국의 중앙아시아 진출이 껄끄럽지만 자국의 석유와 가스를 중국에 안정적으로 판매할 수 있어 대체로 호의적입니다.

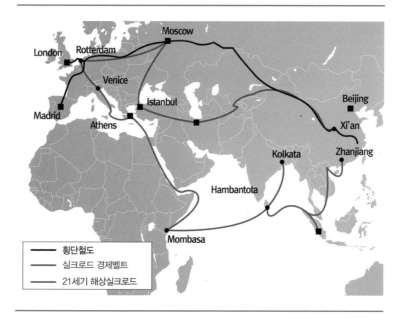

• 중국의 일대일로(출처 : DIVERSE+ASIA)

중국의 일대일로 육상 프로젝트는 '중앙아시아 – 이란 – 터키 – 러시아 – 독일'로 이어집니다. 육상 실크로드가 완성되면 중국은 육지를 통해 유럽과 무역을 하고 러시아의 가스, 중동의 원유를 공급받을 수 있죠. 하지만 여러 국가들의 이해관계가 얽혀 있고 많은 건설 비용이 든다는 단점이 있어요.

중국이 일대일로 사업을 하는 진짜 속내

⟶ 중국의 일대일로 사업에는 동남아시아, 중앙아시아, 중동, 유럽, 아프리카 등 100여 개 국가가 연관되어 있습니다. 그런데 단순히 무역, 자원 실크로드에서 끝나지 않습니다. 기술표준화, 금융(위안화), 정책, 문화 등을 연결하는 길로 미국의 방해를 받지 않고 중국의 영향력을 확대해나가겠다는 뜻입니다. 일대일로가 완성되면 100여 개의 나라에서 중국의 영향력이 커지고, 미국 대 중국과 일대일로 국가들의 대결로 치달을 겁니다.

일대일로 분야	인근 국가
철도	태국, 라오스, 러시아
항만	파키스탄, 스리랑카, 카자흐스탄
발전소	인도네시아, 방글라데시, 이란
파이프라인	파키스탄, 방글라데시, 말레이시아

단점도 있습니다. 육로 건설 비용은 많이 들고 시간이 오래 걸립니다. 100여 개 국가들과 협력하여 추진해야 하므로 많은 국부 유출이 발생합니다. 협력하는 국가들 대부분이 경제적으로 취약한 나라로 중국의 차환을 활용해 경제성장을 도모하고 있습니다. 중국이 이 국가들에게 돈을 대주면서 영향력을 발휘하는 방식인데, 지속적으로 돈을 공급하지 못하면 영향력을 잃게 됩니다. 그래서 중국의 경제호황이 지속되지 못하면 국가부채 부담을 안게 되죠. 일대일로 사업이 독으로 돌아올 수 있다는 말입니다.

반면 바닷길은 비용이 크게 들지 않고 시간도 걸리지 않아요. 그래서 해양 실크로드도 추진하고 있습니다. 하지만 중국은 지리적으로 동아시아 깊숙한 곳에 한 면만 바다에 접해 있어 유럽, 중동으로 가는 바닷길이 멀고 험하죠. 가장 약점은 중동 예멘과 아프리카 소말리아 사이에 있는 아덴만, 말레이시아와 인도네시아 사이에 있는 말라카해협입니다. 이 두 곳을 미국이 틀어막으면 중국은 유럽과 중동으로 가는 바닷길이 막힙니다. 중국도 이에 대응하기 위해 아프리카 국가에 투자하면서 영향력을 키워가고 있고, 남중국해에서도 영향력을 행사하고 있습니다.

남중국해가 중국의 영향력으로 들어가면 동남아시아 대부분의 국가들은 중국의 해군을 직접적으로 마주하게 됩니다. 이런 점에서 미국과 중국의 갈등은 쉽게 끝날 수 없으며 무역전쟁이 군사전을 대신하고 있는 모양새입니다. 결국 둘 중 하나가 물러설 때까지 끝나지 않을 것이고, 이로 인해 반사이익을 얻는 국가를 찾아야 합니다. 바로 대만이죠.

중국은 대만에 군사적 위협을 하고 있고 대만은 안보 위협을 느끼고 있습니다. 미국은 중동지역에서 사우디를 보호하듯 대만에 일감을 밀어주고 대만은 국부를 키워 다시 미국의 무기를 사주는 공생 효과를 유지할 수 있습니다. 그렇다면 미중 무역분쟁이 시작되고 3년이 지난 현재 대만의 경제력은 얼마나 성장했을까요? 2021년 대만의 GDP 성장률은 5%대를 예상합니다. 코로나 이전 2019년 2.7%였던 국가의 성장률이 2배로 증가했고, 국민 1인당 GDP는 3만 달러에 육박하며 곧 한국을 뛰어넘을 예정입니다. 또한 압도적인 무역수지 흑자로 환율조작국이 되는 것을 걱정해야 하는 상황이 되었습니다.

결국 무역수지 흑자 폭을 줄이기 위해 가장 좋은 방법은 미국의 무기를 사들이는 것입니다. 코로나 위기 때 8,681포인트였던 대만 가권 지수는 1년이 지난 지금 16,255로 2배 성장했습니다. 대만의 시총 1위 TSMC 주가는 1년 만에 3~4배가 되었습니다. 그 외에도 2위 미디어텍(스마트폰 AP 세계 1위), 3위 폭스콘(반도체)이 있습니다. 미국이 대만의 반도체 기업을 밀어주면 삼성전자, SK하이닉스의 경쟁자가 커지는 상황이 발생하고, 가장 큰 수요자인 미국은 이 둘을 경쟁시키며 활용할 수 있습니다.

동쪽의 일본과 한국은 미국과 동맹국이고 남쪽의 태국은 일본, 미국, 중국의 영향이 혼재되어 있어 중국이 독점적 영향력을 행사하지 못합니다. 빠르게 성장하는 베트남은 중국 기업들의 투자를 유혹하죠. 라오스를 통해 캄보디아로 나가면 항구를 접할 수 있지만 산림과 늪지대를 지나는 길고 먼 도로를 놓아야 합니다. 가장 매력적인 곳은 미얀마입니다. 중국과 국경을 마주하는 이곳을 영향하에 두면 남중국해를 거치지 않고 바로 벵골만을 거쳐 인도양으로 나올 수 있습니다.

2021년 군부는 쿠데타로 아웅산 수치를 구금하고 권력을 잡았습니다. 군부가 친중 성향을 띤다면 중국은 대양으로 나가는 길을 하나 더 만들 수 있고, 군부가 친미 성향을 띤다면 중국은 대양으로 가는 길이 막히게 됩니다. 상당한 신경전이 벌어질 수 있죠. 여기에서 미국이 미얀마에 친미 정부를 세운다면 중국을 견제하기

위해 많은 투자를 할 것입니다. 시간은 오래 걸리겠지만 인도가 성

장한 다음 매력적인 투자처로 미얀마가 선택받을 수도 있죠.

핵·심·요·약

- 지리상 중국의 일대일로 사업은 유일한 탈출구
- 일대일로를 통해 경제 식민지를 넓히고 반미연합 구축
- 미얀마가 일대일로 사업의 쟁점지가 될 것

중동이 시한폭탄인 이유

　중동은 한국과 먼 지역입니다. 이 때문에 종종 들려오는 소식에 우리는 별로 관심이 없지만 전 세계 원유 매장량의 상당수를 차지하고, 한국도 두바이유를 수입해서 쓰기 때문에 유가와 연관이 깊습니다. 또한 오일머니를 통해 한국의 건설사와 조선사들에게 일감을 주는 중요한 존재로 중동지역이 한국경제에 끼치는 영향력을 무시할 수 없죠.

　중동지역을 공부하려면 먼저 이슬람교를 이해해야 합니다. 세계 3대 종교인 이슬람교의 유래까지 알 필요는 없고, 수니파와 시아파로 나뉜다는 것만 이해하면 됩니다.

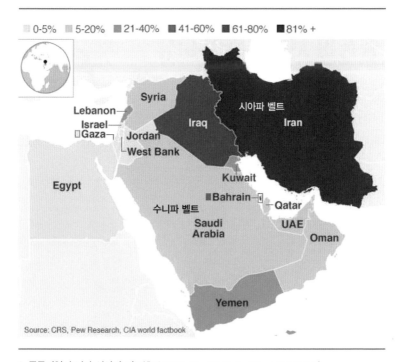

■ 0-5%　■ 5-20%　■ 21-40%　■ 41-60%　■ 61-80%　■ 81% +

시아파 벨트

Syria
Lebanon
Israel
Gaza
Jordan
West Bank
Iraq
Iran

Egypt

Kuwait
Bahrain
Qatar
수니파 벨트
Saudi Arabia
UAE
Oman

Yemen

Source: CRS, Pew Research, CIA world factbook

： 중동지역 수니파 시아파 지도(출처 : CRS, Pew Research, CIA world factbook)

수니파와 시아파가 나뉜 것은 이슬람교 창시자 마호메트가 후
계자를 지정하지 않고 사망했기 때문입니다. 1~3대는 혈통과 관
련이 없고 4대 칼리프 알리(마호메트의 사촌동생)부터 혈통이 연결됩
니다. 시아파는 알리만을 이슬람교의 정통성을 가진 혈통으로 인
정하고, 수니파는 혈통을 국한할 수 없으며 1대부터 4대까지 모두
인정해야 한다고 주장합니다.

제2차 세계대전 이전 오스만제국이 수니파, 페르시아가 시아파

의 영토였습니다. 현재 시아파 국가는 이란을 중심으로 이라크, 예멘이 해당되고 나머지 국가는 사우디를 중심으로 수니파 국가들입니다.

중동은 원유가 집중적으로 매장된 지역으로 냉전 당시 영국과 미국은 석유 카르텔(세븐 시스터즈, 7개의 메이저 정유회사)을 내세워 중동의 원유를 장악할 필요가 있었습니다. 러시아가 중동지역에 진출하면 미국은 자원줄을 빼앗길 수 있기 때문에 이 지역이 오히려 자유주의, 공산주의 이념 갈등으로 치닫는 것보다 종교 갈등으로 치닫는 것이 낫다고 판단했죠. 그 결과 원유 판매로 돈을 번 국가들은 전쟁 대비를 위해 미국의 무기를 대량으로 사주는 VIP 손님이 되었습니다. 수니파와 시아파의 갈등은 미국이 중동을 컨트롤할 수 있고 무기를 팔아 돈을 벌 수 있는 소중한 요인이 되었죠.

2011년 이후 시리아가 내전에 휩싸였을 때 미국은 시리아 반군을 지원하고 러시아는 정부군을 지원합니다. 2014년 극단주의 테러 조직 IS가 등장한 이후 러시아는 정부군을 본격적으로 지원합니다. 2018년에는 반군을 북서쪽으로 몰아냈는데 이때 정부군의 공백이 생기자 여기에 시리아 북동부 쿠르드족이 자치정부를 수립합니다.

미군과 쿠르드족은 IS 격퇴전 선봉에 서고, 터키 내 쿠르드족이 시리아 쿠르드족과 연계할 것을 두려워한 터키는 시리아 쿠르드

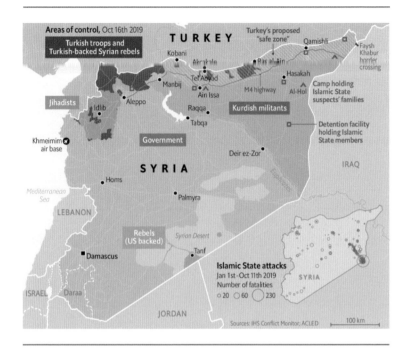

⦂ 시리아 반군, 쿠르드족 영역(출처 : The Economist)

족을 공격하죠. 그래서 현재 북서쪽은 반군이, 북동쪽은 쿠르드족이 차지하고 터키, 러시아, 이란이 내전에 개입한 모양새를 띠고 있습니다. 종교 이념이 개입한 이 전쟁은 현재 10년이 지났는데도 끝이 보이지 않는 상황입니다.

시아파 맹주 이란과 미국의
질긴 악연

———————————————→ 그 외에도 이란과 미
국의 갈등이 좀처럼 해결될 기미가 보이지 않고 있습니다. 이란과
미국의 오랜 악연은 이란의 중동 내 테러 단체 지원으로 이어지고,
핵개발을 하다가 이 문제로 자산 동결과 무역제재를 받고 있죠.
2020년에는 미국의 드론 공격으로 이란 군부 실세인 솔레이마니
가 암살되었습니다. 결국 화해로 이어지기 어려울 정도로 사이가
멀어집니다.

미국의 이란 제재는 원유 가격에 많은 영향을 줍니다. 제재가 완
전히 풀리고 이란이 생산한 원유를 마음껏 수출할 수 있다면, 원유
공급이 늘어 유가가 하락할 것입니다. 반대로 제재가 풀렸다가 다
시 제재를 받으면 원유 공급이 줄어 유가가 상승합니다. 이란이 지
원하는 테러 단체가 중동의 정유시설을 타격하면 시추에 문제가
생겨 공급이 줄고 유가가 급등할 수도 있죠.

이렇듯이 중동의 문제는 얽히고설켜 해결 방법이 보이지 않습
니다. 또한 원유 대부분이 여기에 매장되어 있어 문제가 생길 때
마다 경제적 이유와 상관없이 유가가 크게 출렁이죠. 그래서 유가,
정유주에 투자하는 것은 매우 불안합니다. 다만 중동 이슈로 인한
유가 움직임은 일시적인 경우가 많기 때문에 유가가 바닥이고 경

기가 좋아지는 중이라면 정유주 투자도 가능합니다.

가스제국을 꿈꾸는 러시아의 야욕

천연가스 매장량 1위 국가 러시아는 석유가스 사업이 국가 GDP 의 15%를 차지합니다. 정유 생산성은 미국, 중국에 이어 3위로 석 유가스 비중이 국가의 경제를 좌우한다고 볼 수 있죠. 특히 러시아 의 국영 천연가스 회사 가스프롬(Gazprom)은 전 세계 천연가스 생 산량의 20%를 차지합니다.

러시아에서 생산되는 천연가스는 주로 유럽에 팔리고 있습니다. 특히 동유럽은 러시아 천연가스에 대한 의존도가 높고, 서유럽도 러시아의 가스가 밀고 들어오고 있습니다. 스웨덴, 덴마크, 영국, 스페인 등은 러시아 천연가스 의존도가 0%이지만 독일, 이탈리아,

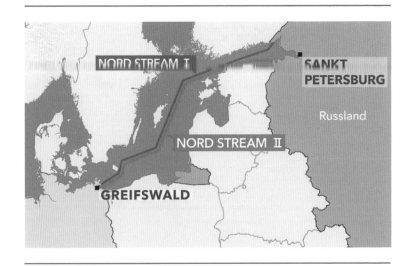

: 러시아의 **노르트스트림** 1, 2 지도(출처 : 중부독일방송)

오스트리아, 폴란드, 그리스, 터키는 의존도가 33% 이상입니다. 핀
란드, 체코 및 동유럽 국가들은 66% 이상의 의존도를 보이고 있습
니다.

　러시아는 천연가스라는 자원을 무기로 주변 국가들에게 압력을
행사합니다. 유럽으로 밀고 들어오는 러시아를 가장 경계하는 나
라는 미국이에요. 그래서 러시아 가스 송유관 사업인 노르트스트
림에 제재를 가하고 싶어 하죠.

　독일은 가스 송유관 노르트스트림 1을 통해 러시아로부터 에너
지를 공급받고 있습니다. 새롭게 지어지는 노르트스트림 2는 기

존보다 가스 수입 규모를 2배(연간 5,500만 세제곱미터)로 늘릴 수 있어요. 이 사업 지분은 러시아 가스프롬 50%, 나머지 50%는 다른 나라의 기업인 셸, OMV, 엔지(Engie), 유니퍼(Uniper), 윈터셸(Wintershall)이 가지고 있죠. 러시아가 경영권을 가지고 있다는 겁니다. 가스를 가지고 유럽을 손에 쥐고 흔들겠다는 계획이죠. 미국이 가만히 둘 리 없습니다. 완공을 앞두고 있었으나 미국의 제재로 공사가 지연되고 있는 상황입니다. 미국은 러시아의 노르트스트림 2와 터키로 가는 투르크스트림 공사에 노골적으로 반대하고 무산시키고 싶어 합니다. 왜 그럴까요?

유럽은 소련과 미국이 한때 이념 전쟁을 하던 격전지였습니다. 러시아는 드넓은 땅을 가지고 있지만 해양으로 진출하기가 까다롭습니다. 동쪽의 블라디보스토크를 통해 태평양으로 진출할 수 있지만, 미국, 캐나다, 일본 등을 마주쳐야 하고 수도 모스크바에서 너무 멀죠. 남쪽으로는 터키와 중앙아시아 국가들이 막고 있고, 서쪽으로는 같은 문화권인 유럽 국가들이 있습니다. 가스를 무기로 유럽의 국가들을 자신들의 영향력 아래 두면 미국과 패권 싸움을 할 때 유리한 고지를 차지할 수 있습니다. 또한 크림반도 점령 같은 손가락질 받을 일을 해도 유럽의 국가들이 제대로 항의할 수 없습니다.

미국과 러시아의 견제 속에
춤추는 천연가스 가격

──────────────────→ 미국도 러시아의 속셈을 알고 있죠. 그래서 러시아의 가스 패권이 유럽으로 들어오는 것을 막기 위해 노르트스트림 2 사업을 방해하고 있는 겁니다. 러시아는 저렴한 러시아산 천연가스가 유럽으로 못 들어가게 막는 것은 미국이 자신들의 가스를 비싸게 팔고 싶어서라며 항의하죠.

천연가스 가격은 2008년 대비 현재 1/5 가격으로 하락했습니다. 미국의 셰일가스 때문이죠. 미국에서 엄청난 셰일가스가 나오자 공급이 크게 늘고 가격은 하락했어요. 천연가스 판매가 국가 GDP의 상당 부분을 차지하는 러시아는 경제적 타격을 받았습니다.

여기에 미국으로 팔리던 중동산 가스도 유럽으로 가고 있죠. 이런 상황에서 미국도 러시아의 가스 수출 확대를 견제하고 있는 것입니다.

그렇다면 투자자의 눈으로 생각해봅시다. 러시아와 미국의 고래 싸움에 한국이 득을 보는 상황이 발생한 겁니다. 결국 가스 공급은 늘었고 가격은 계속 저렴해질 수밖에 없어요. 그래서 최근에 친환경 에너지 확대 정책의 일환으로 화석연료 발전 비중을 줄이고 태양광, 풍력 등과 탄소 배출량이 적은 LNG 발전 비중을 늘리고 있습니다.

LNG 인프라가 발달할 수밖에 없는 환경으로 LNG 터미널, LNG 추진선, 운반선, 보냉재 기업들이 수혜를 볼 수 있죠. 특히 LNG 선박은 우리나라가 가장 압도적인 기술력을 보유하고 있어 수주가 줄을 잇고 있어요. 그러면 국내에 있는 LNG 추진 엔진, LNG 보관 보냉재의 매출도 증가하게 됩니다.

핵·심·요·약

- 유럽을 두고 미국과 러시아의 신경전 → 천연가스 전쟁
- LNG 가격의 지속적인 하락 → LNG 관련 주식투자 유리

유럽이 지고 태평양 라인이 뜨는 이유

인도를 제외하고 최근 경제성장을 거두고 있는 나라들은 태평양 주변에 위치해 있습니다. 일본, 한국 외에 대만, 베트남, 인도네시아도 높은 GDP 성장률을 보이고, 태평양 동쪽에는 가장 큰 수요처인 미국이 있고, 캐나다, 멕시코, 칠레 등 자원 부국들이 즐비합니다. 동쪽에서 배로 원자재를 싣고 태평양을 건너 서쪽으로 가서 제품을 만들어 다시 동쪽 국가에 판매하는 순환 고리가 만들어지죠. 그래서 무역의 중심지가 로마제국 시대 지중해, 신대륙 발견 시대 대서양, 21세기 태평양으로 이동하고 있습니다.

그럼 태평양에서 패권을 쥐는 국가가 캐나다, 미국, 멕시코, 칠레, 호주, 인도네시아, 베트남, 대만, 한국, 일본, 중국의 무역을 통제하고 돈과 힘을 쥘 수 있습니다. 여기서 가장 강력한 나라는 과거에도 현재도 패권을 쥐고 있는 미국이죠. 미국은 무역적자를 내면서 상대국의 물건을 사주는 가장 큰 소비시장입니다. 미국과 거래하면 돈을 벌고 달러를 확보할 수 있어요. 그동안 미국은 기축통화, 석유, 무역적자로 이어지는 선순환 고리를 통해 패권을 지배해왔으나 새롭게 강대국으로 등장한 중국이 태평양 패권을 노리고 있죠.

중국은 태평양 주변국에 투자를 늘리면서 영향력을 키우고 남중국해로 국력을 확장하고 있습니다. 이에 일본, 한국, 대만은 불안을 느끼며 영유권 갈등을 겪고 있는 중입니다. 하지만 태평양 패권을 쥐면 얻을 수 있는 부와 권력이 더 크기 때문에 중국은 도전을 멈추지 않을 것입니다. 현재 미국은 중국에 대한 군사적 조치와 경제적 견제를 강화하고 있습니다.

가장 좋은 경제적 견제는 중국에 있던 기업들을 빼와서 주변국으로 이전시키는 겁니다. 그러면 중국의 힘이 빠지고 위협을 받는 주변국들의 부는 증가하죠. 그 부는 군비 확장으로 이어집니다. 이런 흐름을 보면 군수업체 1위인 록히드마틴(주가수익비율 14배, 배당수익률 3%)과 보잉, 노스롭 그루먼(Northrop Grumman), 레이시온(Raytheon)은 장기적으로 좋을 수 있습니다.

하지만 군사력보다는 무역전쟁으로 승부가 날 가능성이 높습니다. 결국 국방력은 돈이 있어야 가능하고 상대의 돈줄을 막으면 국방력은 급격히 쇠락합니다. 즉, 금융과 무역으로 상대를 굴복시키는 것이 현대의 전쟁입니다. 동맹국을 늘려 무역 규모를 늘리고 상대를 차단하면 손쉽게 경제적 치명상을 입힐 수 있습니다. 그래서 미국도 동맹국의 경제력을 늘리는 전략을 펼치고, 중국도 주변 신흥국에 투자를 확대해서 자기편으로 만들고 있어요.

이 과정에서 중국에게 그림자 금융(사모펀드) 형태로 투자받은 기업들은 엄청난 자본을 무기로 유망 기업들을 인수하며 몸집을 키웁니다. 해당 기업은 시장을 잠식해나가고 주가가 상승하죠. 그래서 많은 기업들이 중국의 투자를 받아 사업을 확장하기를 희망합니다. 투자를 받으면 다시 중국으로 수출하거나 현지에 공장을 차려 진출하기가 수월하죠. 이러한 기업에 투자하면 기업의 몸집이 빠르게 확장되는 만큼 주가도 다른 종목보다 상승 속도가 빠릅니다.

미국은 보유하고 있는 글로벌 기업들의 협력사를 중국에서 대만, 인도 등으로 이전하고 있습니다. 중국 기업을 규제하면서 한국, 베트남, 대만, 일본 기업들이 반사이익을 보기도 하죠. 이미 반도체, 조선, 태양광에서 몇몇 업체들이 반사이익을 보고 있습니다. 미중 무역갈등으로 직접적인 수혜를 보는 기업, 반사이익을 보는 기업에 투자하는 방법도 있습니다.

투자자는 투자할 때만큼은 정치, 종교, 신념에 중립성을 가져야 합니다. 나의 신념이 돈을 벌어다 주는 것은 아니니까요. 유럽의 전설적인 투자자 앙드레 코스톨라니는 제2차 세계대전이 끝나고 전범국인 독일 국채를 사서 140배의 수익을 거뒀습니다. 참고로 그는 유대인이고요. 저 나라가 싫다고 그 나라에 투자하지 않는 것은 기회를 잃을 뿐만 아니라 잘못된 생각입니다. 저 나라에 투자해 돈을 벌어서 그 나라의 국부를 가져오겠다는 생각의 전환이 필요합니다.

핵·심·요·약

- 태평양 연안 : 미국 + 자원국 남미 + 신흥공업국 아시아
- 태평양 중심으로 무역 이동 → 미중 태평양 패권 전쟁
- 미중 무역갈등으로 수혜를 보는 기업에 투자하기

신흥국 주식투자 노하우

• • •

여러 나라를 돌아다니다 보면 나라마다 도시의 발달 수준에 차이가 있음을 느낍니다. 먼저 교통수단으로 도시를 4단계로 나눌 수가 있죠. 도시가 발전하기 전에 교통수단은 소달구지와 자전거입니다. 요즘 시대에 소달구지를 타고 다니는 나라가 어디 있냐고 하는데 실제로 있습니다. 중국이 본격적으로 발전하기 직전에는 도로에서 출근하는 자전거 부대를 볼 수 있었습니다. 석유를 사용하지 않는 교통수단은 돈이 들지 않습니다. 주유소 같은 인프라가 없기 때문이기도 합니다.

2단계는 신흥국에서 많이 보이는 오토바이입니다. 오토바이 한 대에 일가족 4명이 타고 달리는 모습을 심심치 않게 볼 수 있죠. 일반적으로 신흥국에서 오토바이 가격은 근로자 평균 월급 대비 4~5배 수준이에요. 우리로 치면 자동차와 같은 수준입니다. 현재 베트남, 태국 같은 나라는 오토바이 비중이 절대적이죠.

3단계는 자동차 비율이 월등히 높습니다. 영업용 오토바이를 제외하고 보통 자동차를 타거나 대중교통을 이용합니다. 자동차를 사려면 월급도 급격하게 늘어야 해요. 자동차가 많은 도시의 특징은 출근 시간대에 엄청난 교통체증을 일으킨다는 것입니다. 4단계는 대중교통이 고도로 발달되어 자동차를 타고 다니는 사람들이 오히려 3단계보다 줄어듭니다. 4단계의 도시들은 장애인 교통 편의시설도 잘 발달해 있죠. 그만큼 국가가 복지에 신경 쓸 돈이 충분하다는 것을 보여줍니다.

이런 이야기를 하는 이유는 몇 단계 도시에 투자하는 것이 좋은가를 알아보기 위해서입니다. 1단계는 아직 도시의 발전이 시작되지 않았습니다. 주유소, 전기 같은 기본적인 인프라도 확보되어 있지 않기 때문에 산업단지 같은 대규모 일자리가 나오기 어렵죠. 당연히 주식으로 투자할 만한 기업도 많지 않습니다.

2단계는 기본적인 인프라가 구축되어 있고 외국자본 투자도 이뤄져 기업이 들어오고 일자리가 늘어납니다. 수많은 오토바이는 산업단지로 출근하는 근로자들의 행렬입니다. 오토바이 수가 그 나라의 생산력을 의미하죠. 오토바이에서 자동차로 넘어가지 못하고 있다는 것은 아직 인건비가 저렴하고 가격 경쟁력이 있는 제품을 한동안 만들어낼 수 있다는 뜻입니다. 인도, 태국, 베트남 등이 여기에 해당합니다.

3단계부터는 자동차를 살 정도로 국민들의 소득수준이 올라갔다는 뜻입니다. 인건비가 충분히 상승했기 때문에 2단계 신흥국과 같은 급성장을 하지는 못하죠. 이때는 고부가가치를 낼 수 있는 대기업, 기술력을 가진 기업, 글로벌 기업늘 위수로 성상이 일어닙니다. 3단계에서는 국가보다 기업을 보고 투자해야 합니다.

4단계는 이미 완숙하게 성장했으므로 분배에 초점이 맞춰집니다. GDP 성장률이 낮아 투자 대상으로 매력이 떨어지죠. 내수 성장은 한계가 명확하니 글로벌 기업에 투자해야 합니다.

그런 이유로 GDP 성장률이 세계 최고 수준인 2단계 국가에 투자하면 다른 단계보다 수익을 낼 확률이 높습니다. 해외의 자본과 기업들이 들어와 일자리가 늘어나고, 인프라를 확충하고 관련 기업들이 생기면서 성장합니다. 취업률은 나날이 높아지고 어느 순간부터 임금, 부동산, 물가가 올라가죠. 고용이 늘면서 물가가 상승하기 때문에 긍정적인 인플레이션이 발생하고, 주가도 다른 국가들보다 빠르게 증가할 수밖에 없습니다.

그 과정에서 여러 업종에 문어발을 걸친 대기업이 등장하고 몇몇 그룹에 부가 집중됩니다. 돈이 되는 모든 사업들이 그룹으로 들어가죠. 그룹은 돈이 있고 힘이 생깁니다. 그 힘으로 더 큰 사업에 뛰어들고 더 큰 부를 만들어내죠. 자본주의는 그렇게 탄생합니다.

인도 주식투자, 어떻게 할까?

● ● ●

인도는 오토바이가 주된 교통수단인 2단계에 갓 들어간 나라입니다. 인구수는 14억 명으로 세계 2위, 넓은 땅을 가지고 있고, 아직은 사람들이 편견을 가지고 보는 시선이 강하죠. 그래서 오히려 가능성이 있다고 봅니다.

중국에서 수많은 사람들이 자전거를 타고 출근할 때 사람들은 중국이 발전하려면 한참 멀었다고 생각했죠. 그렇게 사진 한 장으로 그 나라를 평가하지 말고 남들이 편견을 가질 때 가장 좋은 기회를 찾고 거기에 투자해서 많은 수익을 내야 합니다. 그중 하나가 인도입니다. 물론 신흥국은 금융이 취약하고 재무제표를 신뢰할 수 없어 주가가 크게 하락하는 시기가 옵니다. 적립식으로 매수하다가 그런 일이 벌어졌을 때 대량 매수를 하면 됩니다. 가급적 시가총액이 높고 사업 자체가 안정적인 기업에 투자하는 것이 좋습니다.

우리가 인도에 투자하는 방법은 인도 ETF를 사거나 미국, 영국

미국 증시에 상장한 인도 ADR

목록	시가총액	PER	사업
HDFC 은행	100.0조	57.0	인도 1위 은행
Infosys	91조	32.7	인도 2위 규모, 다국적 IT 서비스 기업
ICICI 은행	66조	16.6	인도 3위 민간은행
Wipro	40.5조	26.1	인도 대표 IT 서비스 기업
Tata Motors	16.5조	적자	160개국에서 운영되는 자동차 회사
Vedanta	13조	37.6	아연, 구리, 철, 석유, 발전 등 원자재 사업
Dr. Reddy's Laboratories	11.5조	30.1	제약회사(제네릭)
Makemytrip	4.3조	적자	온라인 여행사
WNS 홀딩스	4.3조	36.8	IT 서비스, 기업 업무 대행
Azure power global	1.6조	적자	태양광 발전 솔루션
Sify	0.8조	76	인터넷 통신(ISP), 클라우드 서버
Yatra Online	0.2조	적자	온라인 여행사

에 상장한 인도 주식을 ADR(주식예탁증서)로 사는 방법입니다. 영국 주식은 삼성증권 앱으로 매수가 가능하고, 미국은 어느 증권사나 가능합니다.

신흥국 주식은 PER(주가수익비율)이 높은 편으로 증시가 호황일 때 더 많이 상승하는 모습을 보입니다. 반면 증시가 불황일 때는 선진국 기업보다 주가가 더 크게 하락하죠. 미국에 상장한 ADR은 주로 은행, IT, 여행업이 많고, 제조업과 같은 2차산업은 타타모터스와 베단타(Vedanta)밖에 없습니다. 반면 인도에 세계적인 기업들도 있어요. 인포시스(Infosys)는 세계적인 IT 서비스 기업이고, 닥터 레디스 래보라토리스(Dr. Reddy's Laboratories)도 글로벌 제약회사입니다.

영국 주식 거래가 가능하면 인도 시가총액 1위 기업 릴라이언스 인더스트리스(Reliance Industries)를 살 수 있습니다. 석유·가스·화학·유통·통신 분야에서 사업을 하는 기업으로 자회사인 지오 플랫폼에 페이스북, 구글 등 글로벌 기업들이 지분투자를 하고 있죠. 지오플랫폼의 현재 가치만 70조 원으로 추산되고 나스닥에 상장될 예정입니다. 인도의 철강회사 타타스틸(Tata Steel)에도 투자가 가능합니다. 경제가 급격히 발달하면 철의 수요가 계속 늘어날 수밖에 없으니까요.

개별 기업에 투자하기 어렵다면 은행에 투자하는 방법도 있습니다. 그 나라의 경제 규모가 발달하는 만큼 예금과 대출이 늘어나고 은행 수입은 결국 그 나라 GDP만큼 성장합니다. 인도 ETF를 매수하면 유력한 인도 기업을 골고루 담을 수가 있습니다.

$

8장

시간도
돈처럼
관리하라

돈이 모이는 시간 관리법

저는 35세에 경제적 자유를 달성하고 은퇴를 했으니 남들이 말하는 파이어(Fire)족입니다. 물론 의도적으로 파이어족이 된 것은 아닙니다. 20세부터 먹고살기 위해 쉬지 않고 열심히 일하다 보니 생각하지 못한 나이대에 경제적 자유를 누리게 되었습니다.

은퇴를 한 것은 더 재미있는 일들을 하기 위해서이지 여가를 즐기기 위해서는 아닙니다. 그러니 정통 파이어족은 아니라고 할 수 있겠죠. 하지만 누구보다 빠르게, 남들과는 다르게 경제적 자유를 누린 사람으로서 하나의 방법을 설명할 수 있다고 생각합니다.

경제적 자유를 실현하기 위해 가장 중요한 것은 추가 소득입니다. 이를 확보할 수 있느냐 없느냐가 파이어족이 될 수 있느냐 없느냐의 갈림길입니다. 특히 월급이 적은 사람일수록 추가 소득은 더더욱 중요합니다.

예를 들어봅시다. 한 달에 200만 원을 버는 사람이 월 100만 원을 저축한다는 것은 대단한 일이지만 부자가 될 수는 없습니다. 1억 원을 모으려면 8년간 쉬지 않고 저축해야죠. 그런데 집값은 1년에 1억 이상 오릅니다. 집값은 개인이 잡을 수가 없습니다. 세상을 바꾸기는 힘드니 세상에 맞게 나를 바꾸는 수밖에 없어요. 세상의 속도를 이겨내려면 남들과 똑같이 벌고 똑같이 모아서는 불가능합니다.

추가 소득이 생기면 어떻게 될까요? 한 달에 100만 원이 추가로 생기면 저축을 월 200만 원 할 수 있습니다. 1억 원을 모으는데 4년밖에 걸리지 않죠. 추가 소득이 200만 원 생기면 월 300만 원을 저축할 수 있습니다. 1억 원을 모으는 데 2년 9개월이 걸립니다. 3년마다 1억 원씩 투자할 수 있게 되는 거죠.

보통 직장인은 회사에 20년 정도 근무합니다. 그 돈으로 50년의 노후를 책임져야 하죠. 8년마다 1억 원씩 모아서는 노후는커녕 은퇴 후 치킨집 차리기도 빠듯합니다. 그 20년을 효율적으로 써야 해요.

직업을 3개로 나누자

———————————————————→ 평일 낮에는 직장생
활을 하고, 평일 저녁 이후에는 자신만의 직장을 만들어봅시다. 오
후 7시부터 12시까지 하루에 5시간이면 일주일에 25시간을 투자
할 수 있습니다. 한 달이면 100시간으로 추가 소득을 만들기에 충
분한 시간이 됩니다. 주말은 하루 10시간씩 한 달에 90시간 정도
확보됩니다. 그러면 시간당 최저시급을 받는 일을 한다고 해도 월
180만 원 정도의 추가 소득이 발생합니다.

더 효율적인 일을 한다면 더 높은 수입이 가능합니다. 계속 더
높은 소득을 올릴 수 있는 일을 하세요. 그렇게 하기 위해 기술을
갖추고 자신을 더 멋진 사람으로 만드세요. 점점 소득이 올라갑니
다. 저 또한 이 과정을 계속하고 있습니다. 시간 대비 더 높은 소득
을 올리기 위해 계속 자신을 개발하고 다듬고 있습니다. 처음에는
월급이 184만 원이었는데 12년이 지나고 나서 지금은 재능소득으
로만 강남 건물주보다 더 많이 벌고 있습니다. 이것이 자산 없이도
여러분 몸과 재능으로 할 수 있는 최고의 재테크입니다.

그다음에는 모은 돈을 투자하는 겁니다. 내 재능으로 현금흐름
을 계속 늘리고 돈은 알아서 벌어오는 구조를 갖춰야 합니다. 투자
를 위해 엄청난 시간과 에너지가 지속적으로 들어가면 효율적이
지 못합니다. 한 번 고민에는 많은 시간과 노력이 들어가더라도 투

자 이후에는 신경 쓰지 않아도 되는 것을 해야 재능 계발에 최선을 다하고 돈을 모을 수 있습니다.

저 또한 시간과 에너지를 효율적으로 썼다고 생각하지만 지나고 보니 꼭 그런 것도 아니었습니다. 경제적 자유를 빨리 이루기 위해서는 효율이 중요하다는 것을 나중에 알게 되었습니다. 20대부터 계획을 세워 시간과 에너지를 효율적으로 활용하면 가장 젊은 파이어족이 될 수 있습니다.

핵·심·요·약

파이어족이 되려면? → 추가 소득 만들기

1. 시간 나누기 : 평일 낮, 평일 저녁, 주말
2. 시급 올리기 : 시간과 소득의 효율 올리기(재능 계발)
3. 투자하기 : 돈이 스스로 돈을 벌어오게 하고, 재능소득에 집중하기

돈이 계속 도는 자산 포트폴리오 짜기

여러 재테크 책에서 공통적으로 하는 말이 "돈이 스스로 돈을 벌게 하라"는 것입니다. 당연한 말을 왜 공통적으로 하고 있을까요? 말 그대로 해석해보면 투자를 해서 돈이 불어나면 부자가 된다는 이야기입니다. 숨은 의미를 이해하지 못하고 우리는 그냥 종이를 넘기는 경우가 다반사죠.

여기서 가장 중요한 단어는 '스스로'입니다. 나의 노력이 지속적으로 들어가면 돈이 스스로 돈을 벌어온 것이 아니죠. 나의 노력으로 돈을 벌고 있는 것이니 근로소득입니다. 주식으로 돈을 벌지만 6시간 넘게 호가창을 계속 쳐다봐야 한다면 투자소득이 아니라 근로소득인 겁니다.

돈이 스스로 돈을 벌어오려면 투자에 한 발 떨어져 있는 것이 좋습니다. 투자에 쏟아붓는 에너지를 최소화하라는 이야기입니다. 투자를 하기 전에는 고민을 해야겠죠. 정말 필요한 고민만 효율적으로 해야 합니다. 투자에 영향을 주지 않는 요소는 과감히 배제하고 투자에 필요한 요소만 짚어서 분석하고 투자를 결정하는 것이 좋습니다. 투자를 한 이후에는 관심을 끄는 것도 좋은 선택입니다. 어차피 투자한 것은 결과가 나올 때까지 기다리면 되고, 나는 돈을 버는 일과 다음 투자처를 찾는 일에 집중하면 됩니다.

자산이 어느 정도 모이면 자산 포트폴리오를 짜서 자산이 최대한 효율적으로 돌아가게 해야 합니다. 저는 배스킨라빈스 기법(수익률이 좋은 자산은 남기고 수익률이 나쁜 자산은 새로운 자산으로 교체하며 수익률을 관리하는 전략)을 씁니다. 수익이 잘 나오는 자산은 그대로 유지하고 수익이 나오지 않는 비효율적인 자산들은 새로운 자산 또는 수익이 잘 나오는 자산으로 교체합니다.

자산 포트폴리오는 자주 짤 필요 없이 3개월마다 점검합니다. 수익성이 나쁜 자산은 매도를 고민하고, 앞으로 더 보유할 필요가 없다고 여겨지면 매도해서 현금화합니다. 그사이 매수를 고민했던 새로운 자산을 매입해 편입시킵니다. 기존 투자자산 중 수익률이 좋은 자산은 충분히 수익을 얻었으니 팔아서 현금화할지 아니

자산 포트폴리오 예시

자산 종류	자산가치	부채	연수익률(%)	자산 평가
부산 아파트	10억	4억	10%	보유
강원도 토지	20억	10억	-2%	매도 결정
A주식	5억	–	20%	보유
카페 지분	1억	–	50%	비중 확대
은행예금	1억	–	1%	매도 결정
…	…	…	…	…

면 더 상승할 여력이 많으니 추가로 사들여서 비중을 늘릴지를 고민합니다.

자산에 대한 고민은 이 정도면 됩니다. 그 이상 한다고 해서 더 좋은 결정이 나오지도 않습니다. 내가 가지고 있는 자산에 집중하면 확증 편향 오류(내 생각이 옳다고 믿고 반대 의견을 듣지 않으려 하는 사고)에 빠질 수 있기 때문에 돈의 흐름을 읽고 새롭게 편입할 자산을 찾는 데 집중하는 것이 좋습니다. 돈 냄새를 맡을 때는 앞을 향해야지 뒤를 향해서는 후회밖에 남지 않습니다.

자산 비중을 몇 대 몇으로
가져가야 할까?

───────────────────────────→ 자산 비중을 몇 대 몇

으로 가져가면 좋은지에 대한 질문도 종종 받습니다. 알다시피 답

은 없습니다. 수익률이 좋거나 앞으로 유망한 자산에 집중하면 되

지 굳이 부동산 50%, 주식 50% 같은 기계적인 비율은 의미 없다

고 생각합니다. 자산 종류보다는 손실 가능성이 높은지 적은지에

따라 비율을 조절하는 것이 더 중요합니다.

　예를 들어 안전하지만 기대수익률이 아주 높지 않을 것 같은 자

산에 50%, 현금에 20%, 적당히 안전하고 수익률이 높은 자산에

25%를 보유하고, 유망하지만 손실 가능성이 높은 자산은 5% 비율

을 정합니다. 이럴 경우 생각과 달리 경제위기가 와서 자산이 크게

하락한다고 하더라도 다른 사람들보다 피해를 최소화할 수 있습

니다. 남들은 70% 이상 자산이 하락했는데 나는 30%만 하락했을

경우 남은 자산을 매각해 현금과 합쳐 낙폭이 심했던 자산들을 매

입하는 데 쓸 수가 있습니다.

　반대로 자산가치가 크게 상승할 경우 어느 정도 높은 수익률을

거둘 수 있습니다. 부동산, 증시가 과열되어 있다고 판단될 경우

현금 또는 현금처럼 안전한 주식 비중을 50% 이상 늘립니다. 예상

대로 큰 하락이 왔을 때 남은 현금을 동원해 바겐세일이 된 자산

을 매집합니다. 물론 그런 하락이 언제 올지 알 수 없으니 남은 자산의 50%는 계속 투자를 하면서 수익을 내는 겁니다.

이 개념을 이해하기 위해서는 경기민감 자산과 경기방어 자산을 이해해야 합니다. 호황일 때 많이 오르지만 불황일 때 크게 하락하는 경기민감 자산과 호황 불황 가리지 않고 완만하게 상승하는 자산의 종류를 알고 있으면 어떻게 활용할지 결정할 수가 있죠.

주식(반도체·건설·해운·IT), 토지, 빌라, 비트코인, 미술 등은 경기민감 자산입니다. 주식(식품·담배·통신), 임대용 부동산, 채권, 예금은 경기방어 자산입니다. 돈의 흐름이 바뀌는 시점에는 자산 포트폴리오도 대대적으로 교체할 필요가 있습니다.

핵·심·요·약

- 돈이 '스스로' 돈을 벌어오게 자산 포트폴리오를 조정하라.
- 배스킨라빈스 기법 : 3개월마다 수익률 기반 포트폴리오 교체 작업
- 증시 과열 시기 자산 비중 : 안전자산 50% + 현금 50%
- 일반 시기 자산 비중 : 안전자산 50% + 현금 20% + 투자자산 20% + 공격자산 5%
- 경기민감 자산 : 주식(반도체·건설·해운·IT), 토지, 빌라, 비트코인, 미술 등
- 경기방어 자산 : 주식(식품·담배·통신), 임대용 부동산, 채권, 예금 등

젊은 주식, 부동산에 투자하라

제 인생에서 가장 잘한 일은 20대에 해외여행을 가지 않고 국내여행을 실컷 했다는 겁니다. 이 판단이 저에게 경제적 자유를 가져다주었습니다. 직업적인 이유도 있어서 강원도와 제주도 빼고는 다 살아봤던 것도 많은 도움이 되었습니다. 여기서 배운 것은 도시에도 시간이 존재한다는 점과 효율이 다르다는 점입니다.

도시에 시간이 존재한다는 말을 쉽게 설명하면 구도심, 신도심을 말합니다. 구도심도 예전에는 신도심이었죠. 논밭이었던 곳에 도로가 생기고 건축물이 들어서면 사람들이 모입니다. 그렇게 도시가 형성되죠.

보통 신도시에는 새롭게 가정을 꾸리는 사람들이 많이 들어옵니다. 결혼 전의 사람들, 신혼부부들, 자녀가 어린 사람들이 직장을 따라 또는 도시를 따라 이동합니다. 그래서 신도시는 평균연령이 젊죠. '떡볶이'를 좋아하는 세대 사람들입니다. 실제로 이런 지역은 떡볶이 가게가 잘됩니다.

이제 신도시가 10년이 되고 30년이 지나면 주민들이 손주를 볼 나이입니다. 이 도시에 처음 들어온 주민들이 50~70대가 되었다는 것이죠. 아파트도 낡고 평균연령도 올라갑니다. 과거에 유행했던 가게들이 구도심에서는 명맥을 유지합니다. 상가 임대료가 저렴한 편이라 물가도 저렴하게 유지되고 상인들도 나이가 들면서 새로운 곳으로 옮기지 않다 보니 편의시설도 나쁘지 않습니다. 노인들을 위한 병원이나 소매업들도 잘되는 편입니다.

투자자가 신도시와 구도심에서 알아야 할 것은 그 도시의 구성층입니다. 신도시는 30~40대의 비중이 높습니다. 주택을 주로 구입하는 나이입니다. 50~70대는 주택을 사기보다는 파는 연령대라고 볼 수 있죠. 신도시로 입주하려는 수요가 더 많기 때문에 주택가격이 더 많이 오릅니다.

다른 하나는 주택과 상가의 시간 차입니다. 신도시는 초반에 주택 가격이 빠르게 상승하는 반면 상가는 상승하지 못합니다. 주거와 사업의 개념 차이죠. 신도시는 주거지로써 쾌적한 곳이지만 장사를 하기에는 부담이 됩니다. 비싼 월세, 부족한 인프라, 입주 완성이 덜 되어 낮은 유동인구, 주택대출이 높은 입주민들의 낮은 구매력 등의 이유로 신도시에서 하는 장사는 생각보다 실속이 없습니다. 반면 구도심에서는 입주민이 줄고 있지만 상가는 빈 곳 없이 빼곡합니다. 주택은 임대차계약이 기본 2년이지만 상가는 기본 5년인 탓도 있겠지요. 그보다는 입주민이 줄어든다고 해서 오랫동안 장사했던 곳을 떠나기가 부담되기 때문입니다.

창업을 고려한다면 신도시보다는 구도심이 낫습니다. 신도시의 폐점률은 상당히 높습니다. 월세가 높다 보니 단가가 비싼 제품을 팔아야 하고, 비싼 제품밖에 없다 보니 구매를 꺼리게 되죠. 또한 신도시는 초기 저렴한 세를 보고 들어오는 세입자 비율이 높습니다. 젊은 층이 많다 보니 단가가 높은 제품은 인근 대도시로 나가거나 온라인으로 삽니다. 동네에서 돈을 잘 쓰지 않죠. 여기에 완성되지 않은 입주 상태, 주택 대비 많은 상가 수는 사업을 접게 만드는 요소입니다.

반대로 구도심은 다릅니다. 폐점률이 낮습니다. 세가 저렴한 편이기 때문에 제품 가격도 낮습니다. 그러니 상가에 사람들이 몰리고 구매율도 높은 편입니다. 또한 연령층이 높아 온라인 쇼핑을 꺼리고 대도시로 가서 돈을 쓰고 오는 경우도 적습니다. 동네에 돈을 쓰죠. 돈이 동네 안에서 돈다는 의미입니다.

도시의 직업군도 주거문화와 상권을 좌우합니다. 공무원이 주력 직종인 도시에는 백화점이 들어올 수 없습니다. 공무원들은 안정적인 직장임에도 낮은 소비력을 보입니다. 반대로 대기업 공단이 있는 지역은 백화점도 장사가 잘됩니다. 소득도 높고 소비력도 다른 지역보다 높습니다. 항구지역도 소비력이 높은 편입니다.

젊은 주식을 사야
돈이 된다

─────────────────────→ 주식도 이와 다르지 않습니다. 젊은 주식은 기업 상장 후 기간을 말하는 것이 아닙니다. 기업의 주 소비층이 젊으냐를 말하는 겁니다. 나이는 먹을 수 있지만 젊어질 수는 없습니다. 10대 때 소비했던 제품을 20대, 30대가 되어서도 소비할 가능성은 있지만, 60대가 소비하는 제품을 20대, 30대가 소비하지는 않습니다.

예를 들어볼까요? 2000년대 후반이 되니 한메일을 쓰는 10대 학생들이 급속히 줄어들었습니다. 대부분 네이버 이메일을 가지고 있었죠. 인터넷은 젊은 층들이 대세를 좌지우지합니다. 몇 년 후 네이버는 80% 가까운 점유율을 가졌고 다음은 카카오와 합병합니다. 이후 카카오 속으로 들어갔다고 봐야겠죠.

그렇게 네이버 천하가 되나 싶었는데 2010년대 후반부터 10대들에게서 네이버 이메일 주소가 많이 사라집니다. 대부분 구글 이메일을 사용하고 몇몇은 카카오 이메일을 씁니다. 몇 년 뒤에는 네이버의 위기가 올 수 있다는 것을 의미하죠.

안마기 시장은 기성세대를 위한 제품이라는 인식이 강합니다. 그래서 바디프랜드는 광고 모델로 방탄소년단을 썼습니다. 10대 팬들을 확보하기 위한 것이죠. 10대가 안마기를 구입할 일은 없습니다만 30대가 되면 부모님께 안마기를 선물할 수 있습니다. 10년 뒤를 바라본 광고 모델 채용이라고 볼 수 있습니다. 여기에 어린이 고객을 확보하기 위해 어린이 안마기도 출시합니다.

은행도 미성년자와 대학생 고객을 잡기 위해 많은 이벤트 비용을 씁니다. 대학생 때 썼던 통장은 취업하면 그대로 월급통장이 되고, 월급통장을 쓰는 은행에서 신용대출 또는 주택대출을 받습니다. 한번 잡아놓은 어린 고객은 은퇴할 때까지 30년간 훌륭한 고객이 됩니다.

반면 어린이에게 인기 있는 기업은 지속적으로 성장하는 경우가 많습니다. 코카콜라가 그렇고 맥도날드가 그렇죠. 과자, 도넛, 아이스크림, 제과 업종은 잘 망하지 않습니다. 어린이들이 부모가 되면 다시 자녀들에게 이것들을 사주죠.

스타벅스가 한국에서 성공한 배경도 20대 여성을 사로잡았기 때문입니다. 20대 여성은 이내 30대 여성이 되고, 다시 40대 여성이 됩니다. 그리고 여성 고객은 남성 고객을 끌고 옵니다. 마케팅에서 2030 여성이 중요한 이유가 이런 흐름 때문입니다.

주식과 부동산에서 시간의 흐름을 이해하면 돈의 흐름이 보입니다. 투자는 그 흐름을 봐야 성공 확률을 높일 수 있습니다. 흐름을 보는 눈을 가지면 돈 벌기가 쉽다는 생각이 들 수 있습니다. 그때는 이미 부자 반열에 오른 상태이겠지요.

핵·심·요·약

- 부동산의 흐름
  - 신도시 : 주택은 유리, 상가는 불리
  - 구도심 : 주택은 불리, 상가는 유리
- 주식의 흐름
  - 젊은 고객은 나이를 먹어도 고객이 된다.
  - 젊은 층을 확보한 기업은 지속 성장이 가능하다.

시간을 내 편으로 만들기

　인간은 태어날 때부터 선할까요, 악할까요? 성선설, 성악설은 아직도 토론의 여지가 있는 부분이지만 투자자로서는 맥그리거(Douglas McGregor)가 정의한 긍정적 인간관인 Y이론보다는 부정적 인간관인 X이론을 믿습니다.

　X이론에서 인간은 "일하기 싫어하고 책임을 회피하고 싶어 한다"고 말하죠. 인간을 너무 나쁘게 보는 것 아니냐고 말하는데 자본주의에서 X이론은 어떻게 해야 돈을 버는지 방향을 알려주는 지표입니다.

　일하기 싫어하는 사람들을 위해 편하게 일할 수 있는 기계와 컴

퓨터가 발전하고, 책임 의무를 나눠지는 주식회사가 발전할 수 있었습니다. X이론은 나쁜 것이 아닙니다. 그저 인간의 본성이고, 돈을 벌고자 하는 사람은 인간의 본성을 잘 이해해야 합니다.

인간의 게으름에
투자하라

──────────────────────────→ 예시를 하나 들어볼까요? 한 고등학교 앞에 편의점 두 곳이 있었습니다. 당시에는 편의점이라기보다 문구도 팔고 먹을 것도 파는 잡화점이었습니다. 학교 바로 앞에 있는 가게는 약간 불친절합니다. 이보다 30걸음을 더 걸어가야 하는 가게는 좀 더 친절하고 물건도 미세하게 더 저렴합니다. 어디가 살아남았을까요? 네, 가까운 가게가 살아남았고 30걸음 떨어진 가게는 망했습니다.

이유는 하나죠. 걸어가기 편했기 때문입니다. 어차피 물건 차이는 나지 않고 친절함은 물건을 사는 데 불편함을 주는 요소가 아닙니다. 미세하게 저렴한 가격은 그다지 매력적으로 다가오지 않은 것이죠. 물론 이 학교는 남자고등학교입니다. 여자고등학교일 경우 다른 요소들도 생각해야죠.

맥도날드는 키오스크에서 빅맥 세트를 누르면 주문이 끝납니다.

그런데 서브웨이는 빵도 고르고 야채도 고르고 소스도 골라야 해요. 내 마음대로 먹을 수 있지만 대충 한 끼 때우려고 온 사람한테는 굉장히 불편합니다.

고객들을 최대한 게으르게 해야 경쟁사가 아닌 우리 가게로 옵니다. 점심시간에 커피를 사러 가면 줄이 길어 여간 불편한 것이 아닙니다. 줄을 서다가 점심시간이 다 끝날 수도 있겠죠. 그래서 나온 것이 스타벅스의 '사이렌 오더'입니다. 이 기막힌 서비스는 한국 스타벅스가 만든 것인데 미국 본사가 사갔습니다. 한국의 문화와 미국의 문화가 다를 수는 있지만 본성은 같기 때문입니다.

우리는 대중교통의 불편함을 넘어 운전도 귀찮아하기 시작합니다. 그래서 자율주행차가 등장하죠. 가격이 좀 비싸다고 하더라도 자율주행차는 성공할 수밖에 없습니다. 운전하기 귀찮기 때문입니다. 운전하는 시간에 햄버거와 커피를 마시거나 스마트폰을 만질 수가 있겠죠. 여기에 내가 운전하지 않았으니 사고가 나더라도 내 책임이 아닙니다. 고객들의 운전 과실이 아니라 시스템의 과실이기 때문에 운전자는 책임을 회피할 수 있습니다. 자율주행차 하나만으로도 엄청난 산업의 변화가 이뤄질 겁니다.

그다음은 스마트팩토리가 유행할 겁니다. 고용주는 직원을 X이론으로 봅니다. 직원이 많을수록 컨트롤에 많은 부담을 느끼죠. 스마트팩토리는 고용주의 불편함을 상당히 해결해줄 겁니다. 재고

관리, 공정 효율, 인사 관리, 인건비 절감 면에서 뛰어나기 때문에 빠른 속도로 변할 것이라고 봅니다. 여기에 많은 수의 관리자와 책임자도 사라집니다. AI 시스템이 책임을 지기 때문에 책임을 지고 돈을 받는 직업은 급속도로 사라질 수 있습니다. 이미 일손이 부족한 농촌에서 스마트팜은 최소 인력으로 안정적인 작물 공급이 가능한 시스템이 되었습니다. 농촌에 일손이 왜 부족할까요? X이론 때문입니다.

왜 강남 부동산은 비쌀까?

⟶ 강남의 아파트, 건물, 상가는 모두 전국 최고 수준입니다. 하지만 그렇게 비싸도 사람들은 강남에서 거주하려고 하고 강남에 사무실을 차리려고 합니다. 왜 그럴까요? 단순히 상징성 때문일까요? 아닙니다. 거주자의 시간을 절약해주기 때문입니다. 그리고 시간은 돈입니다. 강남에 거주하거나 강남에 사무실을 얻으면 그만큼 시간과 돈을 절약할 수 있고 성공 가능성은 높아집니다.

우선 집을 봅시다. 강남역 도보 5분 거리에 사는 사람은 직장까지 출근 시간이 5분밖에 걸리지 않습니다. 8시 45분에 출발해도

9시 10분 전에 도착하죠. 반면 송도에서 출근하는 사람은 2시간 걸립니다. 6시 50분에 출발해야 9시 10분 전에 도착하죠. 6시에 퇴근하면 강남에 사는 사람은 6시 5분에 집에 도착합니다. 저녁을 먹고 나서 여가를 즐기거나 자기계발을 할 수도 있고 다른 일을 하나 더 할 수도 있습니다.

반면 송도에 사는 사람은 부지런히 집에 가도 8시입니다. 이미 복잡한 출퇴근에 4시간을 소모했기 때문에 체력적으로도 많이 고갈됐습니다. 밥을 먹고 씻고 나면 10시가 되겠네요. 내일 6시 50분에 출근하려면 일찍 자야 합니다. 스마트폰을 만지다가 스르르 잠이 듭니다. 본인의 여가를 즐길 수가 없죠.

이렇게 10년을 반복한다고 하면 강남에 사는 사람은 얼마의 시간을 절약한 것일까요? 하루 4시간, 일주일 20시간, 한 달 80시간, 1년 960시간, 10년 9,600시간이 절약됩니다. 한 분야에서 전문가가 되려면 1만 시간을 투자하라고 하는데 송도로 가는 출퇴근 시간만 아껴도 10년 만에 한 분야의 전문가가 될 수 있습니다. 강남에 사는 사람이 여가 시간을 자기계발에 투자한다면 송도에 사는 사람보다 훨씬 유리한 고지를 차지할 수 있는 것이죠.

회사도 저렴하고 공기 좋은 지방에 차리면 될 텐데 왜 굳이 강남에 몰려 있는 것일까요? 비싼 임대료를 내는 것보다 훨씬 더 큰 효과를 보기 때문입니다. 수도권의 교통 중심은 강남에 집중되어 있습니다. 강남구에 있는 지하철 정거장이 다른 곳보다 훨씬 많죠. 수도권을 연결하는 M버스도 강남역에 내립니다. 고속버스터미널도 강남에 있고, SRT도 강남에 있습니다. 강남에 사무실을 열면 직원을 뽑기가 수월합니다. 인재가 몰리는 곳이면 사업을 하기가 용이하죠.

강남에 사무실을 차리면 사업하는 사람의 시간을 줄여줍니다. 내 사무실도 강남이고 대부분의 거래처 사무실도 강남입니다. 강남에서 미팅을 하면 오전에 2건, 오후에 2건, 하루에 4건의 미팅이 가능하죠. 반면 세종시에서 강남으로 와서 미팅을 하려면 오전 9시에 출발해서 미팅을 1건 하고 세종시로 돌아가면 오후 3시 정도 됩니다. 또한 사무실 간 거리가 가깝다 보니 미팅이 성사될 확률이 높습니다. 부담 없이 만나면서 사업의 성공 확률을 높여가는 것이죠.

여러분이라면 월세를 조금 더 주고 강남에 사무실을 차리는 것이 낫겠습니까? 아니면 돈을 아끼고 인재와 사업 성공률을 포기하겠습니까?

국가에서는 강남 집중화를 막기 위해 수십 년간 교통망을 확대했습니다. 그런데 왜 강남의 집값은 더 올라가고 꼬마빌딩 매매가격은 100억 원을 돌파한 걸까요? 교통망 확대로 강남역에서 판교역까지 지하철로 4정거장입니다. 하지만 판교역의 부동산 가격만 올랐을 뿐 강남역의 가격은 떨어지지 않았습니다.

교통망 확대는 인구 분산을 꾀하기는 하지만 역설적으로 해당 부동산의 가치를 올려줍니다. 교통망이 연결된 지방의 부동산이 인기를 끄는 것은 맞지만 그뿐입니다. 강남으로 교통을 더욱 집중한 셈이니 오히려 강남에서 집이나 사무실을 갖고 싶은 욕구를 강하게 불러일으킵니다. 그 욕구가 곧 가격에 반영되는 것이죠.

코로나가 끝나면 원격회의도 사라질까?

──────────────────────→ 코로나로 인해 출장과 회식이 거의 사라졌습니다. 하지만 코로나가 끝나면 다시 이전으로 돌아갈까요? 아니라고 봅니다. 코로나가 종식되면 처음에는 대면 회의가 늘고, 출장과 회식이 시작되겠지만 막상 불편하다고 느끼게 될 겁니다. 코로나 이전에는 몰랐던 불편함을 코로나 이후에 깨닫게 된 것이죠.

"내가 회의 한 번 하러 중국까지 가야 해?"
"굳이 번거롭게 모두 모여서 회의를 해야 해?"

코로나 이전에는 원격회의를 몇몇 회사나 하는 혁신적인 방법이라고 생각했습니다. 오프라인으로 만나는 매력을 제공하지 못하기 때문에 한참 훗날의 일이라고 생각했죠. 그런데 막상 해보니 그럭저럭 적응이 됩니다. 원격으로 회의하면 오프라인의 맛은 떨어지지만 항공료, 숙박비, 시간을 절약할 수가 있죠. 직원도 출장한 번 가면 다른 일을 못 하니 손해가 컸었지만, 원격회의로 기회비용을 아껴줍니다. 즉, 원격회의는 회사와 직원 모두에게 이익을 줍니다.

코로나 이후 재택근무가 유행하기 시작했습니다. 코로나가 끝나도 회사들은 일부 재택근무를 시행할 겁니다. 주 3일만 출근하고 주 2일은 재택근무를 하면 작은 사무실로도 다수의 직원을 유지할 수 있고 식비와 교통비도 줄어듭니다. 직원들도 편한 복장으로 집에서 일할 수 있습니다. 서로의 이익이 맞물리죠. 그렇게 되면 평일이라 할지라도 모든 직원이 모여서 회의를 진행하기 어렵습니다. 원격회의를 해야 재택근무를 하는 사람도 참여할 수 있습니다.

효율에 대한 반발 상품이 뜰 것이다

―――――――――――――――→ 원격회의, 재택근무, 온라인 쇼핑, 키오스크 등은 편리하지만 사람과의 만남이 부족해

집니다. 효율 좋은 온라인 사회는 반대로 공허함을 줄 것입니다. 그 공허함을 채우는 사업이 많은 수요를 가져올 겁니다.

삭막한 회사에서 일하다 잠시 휴식을 취할 수 있는 카페는 코로나 이전보다 더 유행할 것이라고 봅니다. 커피를 마시기 위해서가 아니라 공허함을 달래기 위해서겠죠. 재택근무는 코로나가 풀리면 다른 장소에서 근무하는 것으로 바뀔 것입니다. 주 3일 출근하는 직장이라면 이번 주 목, 금요일과 다음 주 월, 화요일에 재택근무를 하면 목요일부터 화요일까지 총 6일간 출근하지 않아도 됩니다. 제주도나 부산, 강원도에 숙소를 구해 근무 시간에는 일을 하고 나머지 시간에는 여행을 즐길 수 있겠죠. 캠핑장에서 재택근무를 하는 사람들, 캠핑카 안에서 재택근무를 하는 모습도 심심치 않게 볼 수 있을 겁니다.

최근 강의 시장도 온라인으로 재편되었습니다. 코로나 이후가 되더라도 온라인 강의가 주류를 이룰 겁니다. 강사 입장에서는 온라인 강의가 대관료도 들지 않고 수강생도 무한정 받을 수 있기 때문에 유리합니다. 수강생 입장에서는 강의를 들으러 굳이 움직이지 않아도 되고 강의료가 저렴해서 좋습니다. 이 과정에서 장소 대여업을 하는 곳, 인지도가 낮은 강사는 설 자리를 잃게 됩니다.

하지만 온라인 강의는 왠지 모를 공허함을 줍니다. 코로나가 끝나면 단순히 일방적인 내용을 듣는 것이 아닌 서로가 대화를 주고 받을 수 있는 소모임 형태가 인기를 끌 것입니다.

핵 · 심 · 요 · 약

1. 인간의 게으름이 문명을 발전시켰다.

2. 강남은 거주자, 사업자 모두의 시간을 절약해준다.

3. 코로나가 끝나도 원격회의는 사라지지 않는다.

4. 코로나 이후 효율에 대한 반발 상품이 인기를 끌 것이다.

돈이 모이는 길로 가는 법

돈은 물과 같아서 한곳에 머물지 않습니다. 따라서 우리도 계속 움직여야 더 많은 돈을 벌 수 있죠. 금융기관들도 한곳에 장기투자를 하지 않고 유행에 따라 돈을 돌립니다. 돈을 최대한 효율적으로 돌려서 최대 수익을 노리는 전략이죠.

정보와 돈의 힘이 있으면 가능합니다. 예를 들어볼까요? 시골에 사람들이 잘 모르는 맛집이 있습니다. 유명하지 않아서 줄 서지 않고 편하게 먹을 수가 있었죠. 그런데 블로그, 인스타그램에 몇 번 나오기 시작하더니 TV 방송을 탑니다. 그 뒤부터 이 식당은 새벽부터 줄을 서야 먹을 수 있는 식당이 됩니다. 방송인, 블로거, 인플루언서들은 본인들이 먹어보고 유행을 만들어내니 줄을 설 필요가 없지만 개인들은 고민이 되는 거죠. 이 식당 음식을 맛보기 위해 나도 새벽부터 줄을 설 것인가? 아니면 아직 방송에 나오지 않은 맛집을 먼저 찾아내서 맛을 볼 것인가? 이렇게 말입니다.

아무리 맛집이어도 새벽부터 줄을 서서 먹을 만큼 감동을 주는 맛집은 많지 않습니다. 그런 정도의 맛이면 방송을 타기 전부터 이미 맛집으로 소문이 났을 겁니다. 방송의 힘으로 맛집이 된 경우는 다 먹고 나서 "줄 서서 먹을 맛까지는 아닌 것 같다"는 말을 하게 됩니다. 투자도 마찬가지예요. 아무리 좋은 주식도 비싸게 사면 남는 게 없습니다. 좋은 주식을 저렴하게 사야 남는 것이 있죠. 그래서 이미 주포(주가를 조정하는 세력)들이 가격을 올려놓은 주식은 매력적으로 보이지만 내가 먹을 것은 거의 없습니다.

내가 먹는 가게가 훌륭한 맛집이라면 결국 방송국, 인터넷에 소개될 겁니다. 훌륭한 가게에 손님으로만 있지 말고 그 가게의 지분을 산다면? 그 가게 옆에 땅을 사서 카페라도 차린다면? 대중이 관심을 가질 때 돈을 벌 수 있습니다.

투자자도 좋은 기업을 찾아내고 기다리면 결국 돈을 벌 수 있습니다. 귀찮더라도 찾아내는 힘을 길러야 앞으로 계속 돈을 벌 수 있습니다. 노력도 하지 않고 돈만 벌고 싶다는 생각을 버리는 것이 첫 번째 해야 할 일입니다.

최근의 돈은 어디로
흐르고 있을까?

$\longrightarrow$ 2020년에는 나스닥으로 일컬어지는 기술주에 돈이 들어왔습니다. 코로나로 세상이 변할 것이라 생각했고 기술주가 그 세상을 바꿀 것이라고 봤죠. 줌, 넷플릭스, 테슬라 등이 큰 선전을 했습니다.

2021년에는 코로나가 끝난 이후를 보고 있습니다. 보복 소비, 고용 증가를 위한 인프라 공사, 물동량 증가, 금리 인상으로 인한 은행들의 수익 증가로 돈이 흘러가고 있습니다. 2020년에 안 오르던 주식들이 2021년이 되어서 오르기 시작하고 2020년에 올랐던 주식들은 하락하고 있죠. 기술주에서 경기민감주로 돈이 이동한 겁니다. 돈이 이동했기 때문에 다른 한 곳은 돈이 비는 현상이 발생한 것이죠.

결국 오른 것은 언젠가 하락하고 하락한 것은 언젠가 다시 오릅니다. 돈을 벌고 싶다면 2가지 방법 중 하나를 택해야 합니다.

기술주와 경기민감주가 올랐으면 아직 오르지 않은 것이 하나 남았습니다. 경기방어주입니다. 식품, 통신, 렌탈, 필수재들을 파는 회사들로 2020년과 2021년에도 오르지 않았죠. 훌륭한 기업을 저렴한 가격에 살 수 있는 타이밍입니다. 다른 하나는 기술주가 빠진 틈을 타서 훌륭한 기업을 적절한 가격에 사는 겁니다. 이미 한 번

올랐기 때문에 가격이 저렴하게 나오지는 않습니다. 하지만 대중의 관심이 빠져서 과거보다는 저렴한 가격에 살 수가 있죠. 코로나가 끝나도 세상의 흐름은 4차산업을 향해 가고 있습니다. 경기민감주가 충분히 오르고 나면 돈이 다시 흘러 들어올 가능성이 있습니다.

2020년과 2021년 규제로 인해 가격 상승이 제한적인 분야도 있습니다. 바로 부동산입니다. 엄청난 규제에도 불구하고 가격이 꽤 올랐죠. 규제를 하지 않았다면 가격은 더 많이 올랐을 겁니다.

그럼 다르게 생각해봅시다. 이후에 규제가 풀리면 어떻게 될까요? 거래가 활발해지고 대중의 관심을 받을 겁니다. 가격이 상승하겠죠? 그럼 규제가 풀리는 것을 보고 사면 좋지 않을까요? 이미 가격이 올라버리거나 살 수 있는 매물이 없어집니다. 결국 투자는 남보다 한 박자 빠르게 움직여야 합니다. 한 박자 빠르게 움직일 자신이 없다면 두 박자 빠르게 움직인 다음에 시간을 낚으며 기다려야 합니다.

핵·심·요·약

- 돈은 계속 흐른다. 쌓부니를 쫓시 바라.

- 2020년 기술주 상승

- 2021년 경기민감주 상승

- 이후 돈의 흐름: 기술주로 회귀 + 경기방어주로 이동

시간을 절약하는
투자법

• • •

돈을 빠르게 벌려면 돈이 쉬지 않고 알아서 효율 있게 벌어와야 한다고 했습니다. 100억 원으로 1억 원을 버는 것보다 10억 원으로 1억 원을 버는 것이 효율이 더 높습니다. 10억 원으로 1억 원을 만들 수 있는 기업은 100억 원을 주면 10억 원을 만들어옵니다. 투자자라면 이렇게 효율이 높은 기업에 투자할 겁니다.

ROE는 자본 대비 이익 비율입니다. 자본을 가지고 순이익을 얼마나 많이 뽑아낼 수 있는가 하는 지표죠. ROE가 30%라고 하면 100억 원을 가지고 1년에 30억 원의 순이익을 내는 기업이라는 겁니다. 반면 ROE가 1%면 100억 원을 가지고 1억 원의 순이익을 내는 기업이라는 것이죠.

투자자라면 ROE가 높은 기업에 투자해야 순이익이 빠르게 늘고 주가도 빠르게 상승해서 투자금이 빠르게 불어날 수 있습니다.

ROE가 15%인 주식을 비싸지 않은 가격에 샀을 경우 투자 대비 수익률은 15%를 추종할 것입니다. 연 15%의 수익률을 꾸준히 기록하면 주가는 10년간 4배가 됩니다. 반대로 ROE 30%를 10년간 꾸준히 기록한다면 투자수익률도 연 30%를 기대할 수 있고 현실화될 경우 주가는 10년간 14배 상승하게 됩니다.

투자자라면 ROE가 높은 기업에 투자하고 싶어 합니다. 수요가 많으니 주가가 높게 형성되어 있겠죠. 즉, ROE가 높으면 기업에 프리미엄이 붙습니다. 그만큼 비싼 값을 치르고 주식을 사야 한다는 것이고, 우리가 원하는 수익률이 나오지는 않습니다.

그럼 ROE가 높은 주식이 대중의 관심을 받지 못해 저렴하게 나왔다면? 사야 하는 시기입니다. 이런 주식을 저렴하게 살 수 있는 기회는 많지 않아요. 좋은 기업이 저렴하게 나오는 경우는 흔치 않

▲ NC소프트	▲ LG생활건강	▲ F&F
5년 ROE : 14.7~20.8%	5년 ROE : 17.9~24.9%	5년 ROE : 14.2~31.6%
5년간 주가 연평균 42% 상승	5년간 주가 연평균 17% 상승	5년간 주가 연평균 66% 상승

습니다. 그렇기 때문에 손해를 보는 경우도 많지 않죠.

코스피 시가총액 상위주 중에서 5년간 ROE가 15% 이상인 기업을 찾기란 어렵습니다. 이익이 늘면 그만큼 자본이 늘어나고 다음 해에는 늘어난 자본 대비 15% 이상의 순이익을 내야 하기 때문입니다. 그래서 기업들은 성장하면서 자연히 ROE가 하락하게 됩니다. 대기업인데도 ROE가 하락하지 않고 유지된다는 것은 몸집보다 더 빠르게 성장하고 있다는 뜻입니다.

게임회사 NC소프트는 5년간 주가가 8배 넘게 상승했습니다. 이 기업에 5년 동안 투자했다면 최고 연평균 42%의 수익률을 얻었을 겁니다. ROE보다 2배 이상의 수익률을 안겨준 기업이죠. 그 이유는 ROE가 해가 지날수록 증가했기 때문입니다. 자본이 쌓이는 속도보다 이익이 증가하는 속도가 더 빨랐다고 볼 수 있죠. 이런 기업은 미래가 있습니다. 주가가 더 빠르게 오르는 것이죠.

LG생활건강의 5년간 ROE는 17.9~24.9%이지만 주가의 연평균 수익률은 17% 수준입니다. 몸집이 커지면서 점차 ROE가 하락하고 있기 때문에 ROE 상승 속도보다 주가 상승 속도가 떨어지는 것입니다.

F&F는 ROE가 증가하다가 다시 하락했습니다. 그래서 주가도 상승했다가 횡보 중이었는데 2021년 성장세가 기대되면서 순식간에 주가가 2배 상승했습니다. 그럼에도 불구하고 5년 전에 투자했

다면 연 66%의 수익률을 얻을 수 있었을 겁니다.

이 기업들의 공통점을 하나 알려드리면 5년 전에는 현재 주가가 이렇게까지 상승할 줄 아무도 몰랐다는 겁니다. 빠르게 돈을 벌려면 주식의 꽁무니를 잡지 말고 앞으로 오를 주식을 사야 합니다.

손실 내지 않고 투자하는 비법

• • •

사람들은 처음에는 대기업 주식에 투자를 하다가 재미가 없어지면 소형주에 투자합니다. 주가 등락이 심하면 재미가 있기 때문입니다. 많이 오른 날은 기분이 좋고, 내린 날은 기분이 좋지 않죠. 웃고 울고 하다 보면 계좌는 결국 손실이 납니다. 손실이 나면 복구를 해야겠다는 욕심이 강해집니다. 그래서 건드리는 것이 선물옵션인데 보통 여기서 투자인생이 끝나 버립니다. 성공해서요? 아니죠. 더 이상 복구할 수 없는 수준으로 망가져서입니다.

선물옵션으로 돈을 번 사람도 결국 또다시 하게 되고 한 번의 실수로 대부분을 잃고 끝나 버립니다. 왜 그렇게 되는 것일까요? 선물은 높은 레버리지를 활용하고, 옵션은 거기에 시간제한마저 있기 때문입니다.

선물거래는 일정 담보금을 걸고 상품 가격의 움직임에 따라 수익률이 왔다 갔다 합니다. 예를 들어 상품 가격이 1% 오르면 선물은 7% 오르는 구조이죠. 상품 가격이 14% 하락하면 선물투자자는

100% 손실이 납니다. 1년 뒤에 500% 수익을 낼 자신이 있어도 그 중 하루만 14% 하락을 하면 전액 손실이기 때문에 투자 세계에서 은퇴하게 되는 겁니다. 하락 폭이 크지 않은 상태로 본인이 원하는 가격까지 도달해야 돈을 버는 구조라는 것이죠. 조건이 너무 가혹하지 않나요?

옵션거래는 이보다 더합니다. 한 달 뒤의 상품 가격을 맞혀야 합니다. 예를 들어 코스피200 지수를 기초로 하는 콜옵션을 샀다고 합시다. 현재 5월 코스피200 지수는 300인데 6월 만기 콜옵션330을 샀습니다. 6월 만기일(둘째 주 목요일)에 지수가 329로 마감한다면? 전액 손실입니다. 상승을 맞혔어도 지수가 계약한 범위까지 들어오지 못하면 사라지는 것이죠. 마치 유효기간까지 쿠폰 도장을 다 찍지 못하면 그동안 받은 도장이 쓸모없게 되는 것처럼 말이죠. 가격과 시간을 맞혀야 하기 때문에 옵션은 도박입니다.

반면에 주식은 시간제한이 없습니다. 5년이 걸리든 10년이 걸리든 주식을 보유했다고 세금을 내지 않습니다. 미국의 경우 내국인이 주식을 장기 보유하면 오히려 세금을 감면해줍니다. 레버리지를 쓰지도 않았기 때문에 주가가 심하게 출렁인다고 해서 마진콜(Margin call, 선물 가격 변화에 따른 추가 증거금 납부 요구)을 당하지도 않습니다. 시간에 상관없이 결국 오르기만 하면 버는 것이고, 오르는 만큼 내 돈입니다.

	고배당주 목록
코스피	대신증권우, 맥쿼리인프라, KT&G, GS우, 한국쉘석유, 코리안리
코스닥	이베스트투자증권, GS홈쇼핑, 메가스터디, 고려신용정보
해외주식	엑슨모빌, 브리티시 아메리칸 토바코, 필립모리스, AT&T

여기에 배당금까지 들어옵니다. 주가가 원하는 만큼 오르지 않아도 배당금을 받으니 은행에 돈을 맡긴 것보다 낫습니다. 배당금은 모아 다시 주식을 사서 보유 수량을 늘려나갑니다. 결국 주가가 오르면 큰 수익을 낼 수 있는 것이죠.

펀드나 ETF는 주식과 좀 다릅니다. 운용수수료가 있기 때문입니다. 전문가에게 돈을 맡겼으니 일종의 수수료를 지불해야 합니다. 수수료가 낮다고 해도 연간 0.3~1% 수준의 돈을 내야죠. 5년간 투자했다면 이 돈이 적지 않습니다. 문제는 벌었을 때만 내는 것이 아니라 투자한 돈의 1% 수준을 수수료로 내야 한다는 것입니다.

예를 들어 내가 100억 원을 맡기면 연간 1억 원의 수수료를 낼 수도 있습니다. 5년간 맡기면 운용수수료만 5억 원이 나가는 셈이죠. 부동산도 보유세를 냅니다. 공시지가 상승으로 세 부담이 점점 커집니다. 그러면 장기 보유를 해도 부동산 가격이 상승하지 않으면 피해가 큽니다. 보유세에 대출이자 부담까지 합치면 연 5%는 상승해야 본전이죠. 반대로 오르지 않으면 연 5% 수준의 피해를 보는 셈입니다. 내놔도 매력이 없는 부동산 물건이면 팔리지도 않아 골칫거리가 됩니다. 주식은 그래도 시세라는 것이 있으니 원하면 팔고 나올 수가 있습니다.

그렇기 때문에 자산 중에서 시간제한에 구애받지 않고 장기 보유가 유리한 것은 주식입니다. 여기에 배당도 받으니 노후 투자자산으로 적합합니다. 선진국이 될수록 연금 고갈 문제가 커지고 있어 주식에 대한 비중을 늘릴 수밖에 없습니다.

돈보다 먼저 가서
기다리려면?

이 책은 여러분에게 남들보다 빨리 부자가 되는 방법을 알려주는 안내서 역할을 할 것입니다. 저 또한 성공과 실패 속에서 부자가 되는 원리를 깨닫고 나니 누군가는 돈 냄새를 맡는 방법을 기록하면 좋겠다는 바람으로 책을 쓰게 되었습니다.

부자가 되는 길은 결코 쉽지 않습니다. 부자가 되는 것도 중요하지만 부를 계속 유지하려면 올바르게 판단하고 갖은 유혹에 흔들리지 않아야 합니다. 부자의 철학이 장착되어 있어야 남들이 못 보는 기회를 잡고 남보다 빠르게 돈을 모을 수 있습니다.

결국 부자가 되는 원리는 돈이 되는 것들을 남보다 더 빨리 발견하고 더 많이 잡는 것입니다. 돈이 어디에서 어디로 흐르는지를 이해한다면 엉뚱한 곳에 투자할 일이 없을 것이고 돈을 벌 확률은 높아질 겁니다.

금리, 유가, 환율, 지리는 왜 경제를 흔드는지, 그리고 돈, 주식, 심리, 시간의 흐름에서 돈을 어떻게 발견하는지를 알았다면 이제 세상이 다르게 보일 겁니다. 돈의 흐름이 보이기 시작한다면 이제 자신을 믿고 그 흐름에 투자해봅시다. 돈의 뒤가 아닌 돈보다 앞에 가서 기다리는 투자를 한다면 여러분의 미래는 풍족할 것입니다. 풍족함 이후에도 돈이 흘러가는 길이 보인다면 노후에도 부를 지켜낼 수 있습니다.

이 책을 쓰는 순간에도 돈은 계속 이동하고 있습니다. 주식으로 갈지, 부동산으로 갈지, 창업으로 갈지를 알아야 먼저 가서 기다리는 투자가 가능합니다.

그동안 역사를 보면 오른 것은 다시 떨어지고 떨어진 것은 오르기를 반복하면서 계속 상승하는 모습이었습니다. 그럼 지금 이 순간 오르지 않아 상대적으로 저렴해 보이는 것을 찾고, 그것이 상승할 때까지 참고 기다리는 투자를 해야 합니다. 이 과정을 반복할 때 여러분의 부가 늘어날 것입니다.

이 책에는 재테크를 시작한 후 8년 만에 자산이 70배 증가한 저의 경험이 오롯이 담겨있습니다. '돈의 흐름'을 읽는 중요한 원칙들을 디딤돌 삼아 행복한 부자가 되시길 바랍니다.

KI신서 9777

돈의 흐름

1판 1쇄 발행 2021년 6월 23일
1판 6쇄 발행 2024년 10월 31일

지은이 전인구
펴낸이 김영곤
펴낸곳 (주)북이십일 21세기북스

출판마케팅팀 한충희 남정한 나은경 최명열 한경화
출판영업팀 변유경 김영남 강경남 최유성 전연우 황성진 권채영 김도연
제작팀 이영민 권경민

출판등록 2000년 5월 6일 제406-2003-061호
주소 (10881) 경기도 파주시 회동길 201(문발동)
대표전화 031-955-2100 **팩스** 031-955-2151 **이메일** book21@book21.co.kr

© 전인구, 2021
ISBN 978-89-509-9620-8 03320

(주)북이십일 경계를 허무는 콘텐츠 리더

21세기북스 채널에서 도서 정보와 다양한 영상자료, 이벤트를 만나세요!

페이스북 facebook.com/jiinpill21   **포스트** post.naver.com/21c_editors
인스타그램 instagram.com/jiinpill21   **홈페이지** www.book21.com
유튜브 youtube.com/book21pub

서울대 가지 않아도 들을 수 있는 명강의! 〈서가명강〉
유튜브, 네이버, 팟캐스트에서 '서가명강'을 검색해보세요!